Haftungsausschluss:

Die Ratschläge im Buch sind sorgfältig erwogen und geprüft. Alle Angaben in diesem Buch erfolgen ohne jegliche Gewährleistung oder Garantie seitens des Autors und des Verlags. Die Umsetzung erfolgt ausdrücklich auf eigenes Risiko. Eine Haftung des Autors bzw. des Verlags und seiner Beauftragten für Personen-, Sach- und Vermögensschäden oder sonstige Schäden, die durch die Nutzung oder Nichtnutzung der Informationen bzw. durch die Nutzung fehlerhafter und/oder unvollständiger Informationen verursacht wurden, ist ausgeschlossen. Verlag und Autor übernehmen keine Haftung für die Aktualität, Richtigkeit und Vollständigkeit der Inhalte, ebenso nicht für Druckfehler. Es kann keine juristische Verantwortung sowie Haftung in irgendeiner Form für fehlerhafte Angaben und daraus entstehende Folgen von Verlag bzw. Autor übernommen werden.

Sollte diese Publikation Links auf Webseiten Dritter enthalten, so übernehmen wir für deren Inhalte keine Haftung, da wir uns diese nicht zu eigen machen, sondern lediglich auf deren Stand zum Zeitpunkt der Erstveröffentlichung verweisen.

Bibliografische Informationen der Deutschen Nationalbibliothek

Die Deutsche Nationalbibliothek verzeichnet diese Publikation in der Deutschen Nationalbibliografie; detaillierte bibliografische Daten sind im Internet über http://dnb.dnb.de abrufbar.

1. Auflage 2022
© 2022 by Remote Verlag, ein Imprint der Remote Life LLC, Oakland Park, US
Alle Rechte vorbehalten. Vervielfältigung, auch auszugsweise, nur mit schriftlicher Genehmigung des Verlags.

Redaktion: Max Mika
Lektorat und Korrektorat: Isabelle Gubisch, Markus Czeslik, Fabian Galla
Umschlaggestaltung: Wolkenart - Marie-Katharina Becker, www.wolkenart.com
Satz und Layout: Zarka Ghaffar

ISBN Print: 978-1-955655-38-5
ISBN E-Book: 978-1-955655-39-2
www.remote-verlag.de

DOMINIK FECHT

MEINE REISE ZUR FINANZIELLEN FREIHEIT

Wie deine Einstellung zu Geld
dich reich und glücklich macht

Inhalt

Prolog	06
Ein kleines Geschenk	09
Ich liebe Geld wie meinen Partner	10
Ein ungewöhnlicher Bankbesuch	22
Warum bist du noch kein Millionär?	30
Die drei Grundgesetze des Reichtums	40
Der Möglichkeitsblick	50
Das Promitelefonat	60
Menschen verderben das Geld	66
Die bösen Reichen	73
Familie oder Geld	83
Reichtum ist gut für die Gesellschaft	94
Hör auf zu sparen	104
Arbeiten macht Spaß und ist leicht	113
Selbstzweifel und mentale Blockaden	126
Lass das Geld für dich arbeiten	137
Finanzielle Unwissenheit ist das größte Risiko	147
Wahrer Reichtum & Finanzielle Freiheit	162
Die Reise beginnt ...	176
Epilog	179
Über den Autor	180
Empfehlenswerte Bücher	181
Danksagung	182
Literaturverzeichnis	183

Prolog

Was wäre, wenn du dein absolutes Traumleben führen könntest? Ein Leben, bei dem du jeden Tag voller Begeisterung aus dem Bett springst, die Zeit mit den Aufgaben verbringst, auf die du Lust hast, und gleichzeitig auch noch so viel Geld verdienst und besitzt, dass du immer mehr als genug Geld hast und dir keine finanziellen Sorgen machen musst.

Hört sich zu schön an, um wahr zu sein? Ist es überhaupt möglich, dass ein Mensch gleichzeitig aus tiefstem Herzen glücklich und auch noch reich sein kann? Oder glaubst du, dass ein solches Leben nur einige wenige Menschen haben? Und dass die einfach nur Glück hatten?

In meiner Arbeit als Finanzcoach habe ich in den letzten Jahren mit tausenden Menschen über das Thema Geld und Glück gesprochen. Ich habe zum einen Millionäre und Multimillionäre, Menschen aus dem Mittelstand, aber auch hochverschuldete Menschen mit einem geringen Einkommen kennengelernt.

Und dabei habe ich eine wichtige Sache festgestellt:

Es gibt sowohl glückliche als auch unglückliche Menschen, die wenig Geld besitzen.

Und es gibt gleichzeitig sowohl glückliche als auch unglückliche Menschen, die viel Geld besitzen.

Es ist also nicht so, dass wenig Geld per se unglücklich macht. Und es ist auch nicht so, dass jeder Reiche auch immer glücklich ist.

Ich habe in meinem eigenen Leben und bei vielen anderen Menschen allerdings eine Sache ganz klar feststellen können:
Geld und Reichtum geben dir Freiheit. Sie geben dir den Handlungsspielraum, neue Entscheidungen treffen zu können

und zum Beispiel einen Job hinzuschmeißen, der dich unglücklich macht.

So wie ich zum Beispiel zu Beginn von Corona meinen sicheren Beamtenjob beim Zoll kündigte, fast 12.000 Euro dafür zurückzahlen musste und dann in die Selbstständigkeit als Finanzcoach startete. Das Geld musste ich zurückzahlen, weil ich mich vor dem dualen Studium für über fünf Jahre zur Arbeit beim Zoll verpflichtet hatte und nur zwei Jahre geblieben bin.

Diese Entscheidung war für mich nur dadurch möglich, weil ich mich die Jahre davor intensiv mit meinen Finanzen beschäftigt und Geld zurückgelegt und investiert hatte. Die Entscheidungen in deinem Leben sorgen dafür, dass du entweder glücklich oder unglücklich bist. Es liegt in deiner eigenen Hand.

Und Geld ist nur ein Lebensbereich von sehr vielen. Ein sehr wichtiger allerdings, weil du ohne Geld einige Veränderungen in deinem Leben nicht machen kannst oder es durch den Geldmangel deutlich schwerer wird. Es ist eine Illusion, dass du zwischen Reichtum und Glück wählen musst. Dass du entweder deine Zeit und dein Leben aufopfern musst, um an Geld zu kommen oder dass du nicht vermögend und reich werden kannst, wenn du den Dingen folgst, die dich wirklich glücklich machen. Solange du glaubst wählen zu müssen, wirst du niemals beides haben können.

Ich weiß, dass die Masse diese Geschichte glaubt und so auch an ihre Kinder weitergibt. Dass du es vielleicht aus dem Fernsehen, von deinem Umfeld und anderen Menschen unbewusst aufgenommen hast. Und genau um diese Einstellungen soll es in diesem Buch gehen.

Welche Einstellungen hast du (wahrscheinlich unbewusst) in den letzten Jahren zum Thema Geld und Glück aufgenommen, die dir schaden und durch die es diesen Konflikt zwischen Geld und Glück gibt? Ich habe hiervon in den letzten Jahren hunderte gehört und möchte dir mithilfe der Geschichte von Tobias und

Stefan einige dieser Einstellungen bewusst machen und dich so zum Nachdenken bringen.

Oft sitzen diese Überzeugungen und Sichtweisen in Bezug auf Geld und Reichtum so tief, dass du sie von alleine nicht erkennen würdest.

Ich lade dich daher ein, die Geschichte zu lesen und einfach offen zu sein. Offen für neue Perspektiven, Sichtweisen und Überzeugungen, die dich am Ende sowohl glücklicher, als auch finanziell erfolgreicher machen können.

Ich wünsche dir jetzt viel Spaß mit der Geschichte.

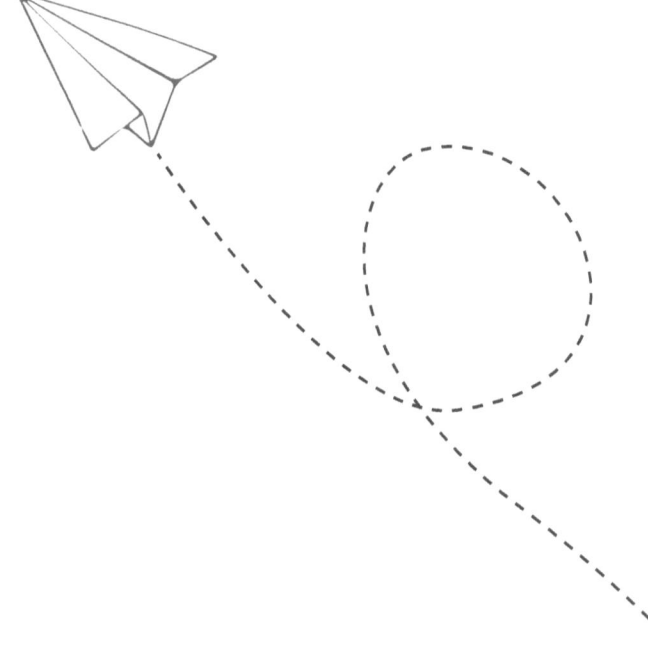

Ein kleines Geschenk

Ich bin in den letzten Jahren oft durch Bücher inspiriert oder motiviert worden, in meinem Leben etwas zu verändern oder anders zu machen. Zumindest sind mir, während ich die Bücher gelesen habe, viele Ideen und Impulse gekommen, was ich verändern könnte. Nach dem Lesen ist dann leider manchmal bei der Umsetzung der Alltag dazwischengekommen. Oder ich habe wieder vergessen, was ich eigentlich verändern oder umsetzen wollte.

Ich habe daher ein begleitendes Workbook entwickelt, mit dem du nach jedem Kapitel für dich das Gelernte reflektieren und Umsetzungsschritte aufschreiben kannst.
  So kannst du am meisten aus dem Buch herausholen und für dich mitnehmen.

Du kannst das Workbook über meine Webseite unter www.wohlstandsentfaltung.de/wb-geschenk herunterladen oder durch das Scannen des QR-Codes.

Viel Freude damit!

Ich liebe Geld wie meinen Partner

Die lange weiße Yacht schippert gemächlich durch das klare hellblaue Meerwasser. Vom Schiff aus kann Stefan bis auf den Meeresgrund sehen und die Vielfalt der karibischen Meerestiere bewundern. Bereits als kleines Kind wollte Stefan die ganze Welt bereisen und in ferne Länder und Kulturen eintauchen.

Jetzt, wo Geld für ihn keine Rolle mehr spielt, kann er mit seiner Yacht, ganz ohne Einschränkungen, die ganze Welt erkunden und vor dem kalten Winter in Deutschland fliehen. Es hatte ihn schon früher genervt, bei diesem kalten und nassen Wetter in Deutschland bleiben zu müssen.

Aber hier in der Karibik lässt es sich auch Anfang Dezember gut aushalten. Die Sonne scheint fast ununterbrochen und beschert angenehme 25 °C. Stefan legt sich in einen Liegestuhl auf das vordere Deck, schließt die Augen und genießt einfach nur das schöne Wetter.

Piep Piep Piep Piep Piep!
Der Wecker reißt Stefan plötzlich und unsanft aus seinem wunderschönen Traum heraus zurück in die Realität. Stefan erwacht an diesem Montagmorgen noch miesgelaunter, als es für einen Montagmorgen üblich ist. Ihm wird gerade mal wieder klar, dass sein Leben eigentlich so ziemlich das Gegenteil des vorherigen Traums ist.

Er wohnt in einer kleinen Eigentumswohnung, weil er sich mit seinem Gehalt als Angestellter in einem Reisebüro weder eine luxuriöse Wohnung noch exotische Fernreisen leisten kann. An eine Yacht braucht er noch nicht mal im Ansatz zu denken. Auch sein letzter größerer Urlaub ist jetzt schon wieder zwei Jahre her und dem kalten Dezemberwetter in Deutschland kann er nicht entfliehen.

Es ist Mitte des Monats und sein Konto ist leider schon wieder im Minus. Er könnte sich also noch nicht mal den kurzen Mallorca-Urlaub leisten, den es gerade bei seinem Arbeitgeber im Sonderangebot gibt.

Widerwillig quält sich Stefan aus dem Bett, um sich für die Arbeit fertig zu machen. Schon lange macht ihm seine Arbeit keinen Spaß mehr. Sie führt ihm ständig vor Augen, welche Reisen er gerade nicht machen kann und wie viele Orte er auf der Welt noch nie gesehen hat. Zudem fordert ihn die Arbeit nicht und er tut sowieso fast täglich das Gleiche.

Er ist mittlerweile Mitte vierzig und hat noch immer nicht seinen großen Traum von einer monatelangen Weltreise wahrmachen können. Schon lange träumt er davon, doch langsam glaubt er selbst nicht mehr daran, dass er es irgendwann mal erreichen wird. Besonders nicht mit seinem aktuellen Job und seinem niedrigen Einkommen.

Niedergeschlagen fährt er mit seinem Auto zum Reisebüro. Mit vielen anderen Pendlern schleicht er Richtung Arbeit. Im Durchschnitt eine Dreiviertelstunde für knapp 20 Kilometer zu benötigen, ärgert ihn mittlerweile schon gar nicht mehr so sehr. Er hat sich daran gewöhnt.

Als er beim Reisebüro ankommt, sieht er einen roten Ferrari direkt vor der Tür auf seinem Parkplatz stehen. Wie so oft regt sich Stefan übertrieben auf und redet sich in Rage: «Was für ein eingebildeter Schnösel! Der meint wohl, er sei etwas Besseres und bräuchte sich nicht an irgendwelche Regeln zu halten. Einfach nur rücksichtslos und unverschämt, mir meinen persönlichen Parkplatz wegzunehmen. Das ist einfach nur typisch für die Reichen.»

Zum Glück ist seine Kollegin gerade im Urlaub, sodass er seinen Wagen auf ihrem Parkplatz abstellen kann. Als er aussteigt, hält er nach dem Fahrer Ausschau, um ihm seine Meinung zu geigen und ihn zurechtzuweisen. Beim Blick in den Wagen stellt er allerdings fest, dass keiner drin sitzt. Er wirft noch einen letzten verächtlichen Blick auf den Sportwagen und begibt sich dann auf den Weg zum Laden. Von seinem Arbeitsplatz aus hat er den teuren Sportwagen direkt im Blick. Auf ihn wirkt es so, als würde sich eine höhere Macht über ihn lustig machen wollen. Besonders nach dem Traum letzte Nacht, der ihm so stark seine eigene Unzufriedenheit vor Augen geführt hat.

Ganz nach dem Motto: «Ätsch. Ein solches Auto und die teuren Reisen, die du dir so sehr wünschst, wirst du dir niemals leisten können.»

Während er noch in seinen Gedanken den Ferrari-Fahrer und die Reichen im Allgemeinen verurteilt, kommt schon der erste Kunde in das Reisebüro. Stefan hat sich zur Vertreibung der Langeweile mit der Zeit ein kleines Spiel einfallen lassen. So versucht er, schon an der Erscheinung, den Klamotten und dem Verhalten des Kunden das gewünschte Reiseziel zu erraten. Mittlerweile ist er ziemlich gut darin und kann sehr viele Kunden richtig einschätzen.

Im Kopf geht er die wichtigsten äußerlichen Merkmale schnell durch: männlich, ungefähr Anfang dreizig, Sneakers, Jeans und eine schwarze Lederjacke. Er ist braun gebrannt und sportlich, wie Stefan es gerne selbst wäre. Besonders auffallend an seiner Erscheinung ist, dass er eine auffallend positive und selbstbewusste Ausstrahlung hat.

Innerhalb von wenigen Sekunden denkt Stefan nicht mehr an den negativen Start in den Tag und muss anfangen zu lächeln. Die positive Laune des Kunden ist ansteckend. Sein erster Gedanke ist, dass dieser wahrscheinlich mit ein paar Freunden zusammen eine Reise nach Mallorca für ein Saufwochenende buchen will und durch das Angebotsschild hereingelockt wurde. Er würde vom Aussehen her in das Raster des typischen Mallorca-Touristen passen: Die Reise soll möglichst wenig kosten, damit noch genug Geld für den Alkoholkonsum und die Clubbesuche übrigbleibt.

Der Kunde geht schnellen Schrittes auf Stefan zu und schüttelt ihm die Hand: «Hey, ich bin Tobias und würde gerne eine Reise fürs nächste Jahr buchen. Dazu bräuchte ich deinen fachkundigen Rat. Könntest du mir da vielleicht weiterhelfen?»

Stefan ist etwas überrascht, geduzt zu werden und zugleich am Anfang ein Kompliment für sein Wissen zu erhalten. Schließlich hat er bis jetzt ja noch kein Wort gesagt und Tobias kann überhaupt nicht wissen, ob er sich gut auskennt und ihm wirklich weiterhelfen kann. Immerhin haben sie sich vorher noch nie getroffen. Die meisten seiner Kunden bedanken sich noch nicht mal, wenn er ihnen ein sehr gutes und individuelles Angebot vorbereitet. Er findet Tobias daher bereits vom ersten Moment an sympathisch und möchte ihm sehr gerne weiterhelfen.

Er erwidert: «Hallo, ich bin Stefan. Selbstverständlich werde ich versuchen, dir zu helfen, eine passende Reise zu finden. Schließlich ist das ja auch mein Job. Setz dich doch erst mal und erzähl mir, wo es hingehen soll. Was für eine Art von Reise soll es werden?»

Tobias setzt sich und fängt an zu erzählen: «Ich will zusammen mit meiner Frau und unserem 13-jährigen Sohn im nächsten Jahr für vier Wochen in eine warme Gegend für einen Urlaub reisen. Weil ich noch keine konkrete Idee für einen Ort und die Art der Reise habe, wollte ich mich dazu mal beraten lassen. Hättest du vielleicht eine gute Idee? Wie würdest du eine solche Reise gestalten, wenn du sie vornehmen würdest?»

Stefan wird in diesem Moment klar, dass er mit seiner ersten Einschätzung total danebengelegen hat. Jedem normalen Kunden würde er jetzt einfach irgendeine Standardreise von der Stange anbieten und nur noch auf die konkrete Planung eingehen. Stefan wird allerdings in diesem Moment deutlich, dass Tobias kein normaler Kunde ist und wirklich an seiner persönlichen Meinung interessiert ist.

Er beginnt also, seine lang ersehnte Traumreise mit der Yacht durch die Karibik zu beschreiben. Tobias ermuntert ihn, weiter zu erzählen und noch tiefer ins Detail zu gehen. Stefan schildert daher voller Begeisterung die ganzen Reisemöglichkeiten und was er sich in vier Wochen in der Karibik alles anschauen würde.

Wenn bei der Arbeit nicht viel los war, dachte er über die Details, die optimale Route, die spannendsten Inseln und die vielen zu entdeckenden Eigenheiten der karibischen Kultur nach. Durch etliche Dokus über die Karibik, verschiedene Arbeitsschulungen und das Lesen vieler Reiseführer hat er ein sehr umfassendes Bild von der Karibik und kennt sich wahrscheinlich besser aus als die meisten anderen. Und das, obwohl er eigentlich selbst noch nie in der Karibik war.

Während Stefan gerade im Redefluss ist und über eine seiner karibischen Lieblingsinseln erzählt, öffnet Tobias ganz beiläufig seine bisher verschlossene Lederjacke. Zum Vorschein kommt ein außergewöhnlich buntes T-Shirt, auf dem in großen fetten Buchstaben steht: **Ich liebe Geld so sehr wie meine Frau.**

Stefans Blick wird von diesem ungewöhnlichen T-Shirt sofort angezogen und es bringt ihn komplett aus dem Konzept. Seine Gedanken kreisen jetzt um dieses T-Shirt und er vergisst, von der Karibikreise weiterzuerzählen. Ganz automatisch schießen ihm viele verschiedene Gedanken durch den Kopf: «Wie abgehoben und oberflächlich ist das denn? Zu sagen, dass du Geld liebst. Es gibt doch viele Dinge, die im Leben viel wichtiger sind, und Geld alleine macht auch nicht glücklich. Im Gegenteil sorgt es für viele Ungerechtigkeiten und lässt andere Menschen abheben.»

Tobias registriert, dass Stefans Blick ungewöhnlich lange auf seinem T-Shirt hängenbleibt und er nicht mehr weiter über die Karibikreise erzählt. Er lächelt Stefan schelmisch an und fragt: «Na, gefällt dir das T-Shirt? Das habe ich mir selbst designt.»

Stefan weiß einfach nicht, was er darauf antworten soll. Das T-Shirt mit dieser Aussage steht in so einem krassen Missverhältnis zu seinem eigenen Werteverständnis und seiner Einstellung zu Geld, dass er so etwas niemals in seinem Leben tragen würde. Was sollte er daher auf die Frage, ob ihm das T-Shirt gefallen würde, antworten? Nach einer unangenehm langen Schweigepause schafft er es, seine Verwirrung in Worte zu fassen: «Was? Äh, also warum hast du dir ausgerechnet «Ich liebe Geld so sehr wie meine Frau» auf das T-Shirt schreiben lassen?»

Tobias bricht bei dieser Frage in schallendes Gelächter aus und antwortet: «Damit mir andere Menschen die Frage stellen, warum ich ein solches T-Shirt trage.»

Jetzt ist Stefan vollkommen verwirrt. Die Verwirrung ist so deutlich in Stefans Gesicht geschrieben, dass Tobias anfängt, weiter auszuholen: «Also vor einigen Jahren wäre ich beim Anblick dieses T-Shirts und der Botschaft darauf auch ziemlich verwirrt gewesen. In unserer Gesellschaft ist es so, dass eigentlich jeder reich, glücklich und erfolgreich sein will. Die meisten gestehen sich diesen Wunsch allerdings nicht wirklich ein. Sie erzählen sich selbst viele Geschichten, warum es schlecht sei, reich zu sein oder viel Geld zu besitzen.

Geld mache schließlich nicht glücklich, verderbe den Charakter, sei eigentlich nicht wichtig, zerstöre Beziehungen oder ist allgemein für das **ganze** Übel auf dieser Welt verantwortlich. Nicht ohne Grund heißt es im Volksmund: Geld ist die Wurzel allen Übels. Das sind alles schöne Geschichten und Ausreden, warum es schlecht sein soll, reich sein zu wollen.

Über reiche Menschen heißt es weiterhin, dass sie Betrüger seien, andere Menschen über den Tisch ziehen würden, es nur Glück wäre, dass sie vermögend geworden sind, und alle anderen Lebensbereiche, wie Beziehungen zu anderen Menschen oder die eigene Gesundheit, darunter leiden würden.

Diese negative Einstellung zu Geld und reichen Menschen führt dazu, dass die meisten einen inneren Konflikt austragen. Sie würden zwar gerne viel Geld haben und verdienen, sind aber unbewusst der Überzeugung, dass sie nicht viel Geld verdienen oder besitzen dürfen. Sie denken es wäre schlecht und unmoralisch, viel Geld ihr eigen nennen zu können. Sie denken, dass sie hierfür anderen Menschen schaden müssten.

Meiner Meinung nach ist das der Hauptgrund, warum viele Menschen nicht das Vermögen und das Einkommen haben, das sie eigentlich gerne hätten. Sie sind unbewusst der Überzeugung, dass sie zu einem schlechten Menschen werden, wenn sie vermögend sind. Letztendlich möchte niemand von sich selbst glauben, dass er ein schlechter Mensch ist.

Wenn du jetzt den Text auf meinem T-Shirt liest und innerlich einen Widerspruch fühlst, melden sich deine gegensätzlichen Überzeugungen vehement. Meistens sind dir diese negativen Überzeugungen überhaupt nicht bewusst und du merkst nicht, wie sie dich zurückhalten. Die Überzeugungen sind zum Teil deiner Identität geworden, sodass du sie als Wahrheit ansiehst und überhaupt nicht mehr hinterfragst.

Mein Ziel ist es, durch das T-Shirt andere Menschen dazu zu bringen, über die eigene Einstellung gegenüber Geld nachzudenken und Gespräche, wie das aktuelle, zu initiieren. Ach, und außerdem macht es mir auch Spaß, ein wenig zu provozieren und andere Menschen aus ihrer Reserve zu locken.»

Tobias lächelt verschmitzt und fügt zum Abschluss hinzu: «Jetzt ist die Erklärung doch etwas länger geworden. Vielleicht ist dir meine Absicht jetzt etwas klarer. Wärst du denn gerne reich?»

Durch die Frage wird Stefan aus seinem Gedankenwirrwarr herausgerissen. Während Tobias Monolog hatte er schweigend dagesessen und gebannt zugehört. Ein Teil von ihm wollte ihn immer wieder unterbrechen und direkt widersprechen. Gleichzeitig hatte Tobias mit einer solchen Überzeugung und Begeisterung über Geld und Reichtum gesprochen, dass er sich nun ein wenig überrumpelt fühlt. Es kommt ihm so vor, als würde sich hier plötzlich eine ganz andere Welt vor ihm eröffnen. Eine Welt, die sich spürbar von seiner eigenen unterscheidet.

Tief in seinem Inneren ist Stefan eigentlich klar, dass es schlecht ist, gleichzeitig reich werden zu wollen und die Reichen zu verabscheuen. Trotzdem ändert das für ihn erst mal nichts an seiner Einstellung zu reichen Menschen. Durch Tobias Beschreibung fühlt er sich zugleich ertappt und in seiner persönlichen Lage verstanden. Stefan versucht nach einer kurzen Denkpause, seine Sichtweise auf den Punkt zu bringen:

«Bisher habe ich ehrlich gesagt noch nie so intensiv über das Thema Geld und Reichtum nachgedacht. Ich möchte eigentlich schon reich sein, aber nach deiner Schilderung bin ich mir da selbst nicht mehr so ganz sicher. Könntest du vielleicht mal an einem Beispiel erklären, wie eine negative Einstellung zu Geld entsteht und wie es mich daran hindert, reich zu werden? Du hast in deiner Aufzählung zum Beispiel die negative Überzeugung ‚Geld ist nicht wichtig' genannt. Davon bin ich nämlich schon überzeugt und verstehe nicht, was daran schlecht sein soll.»

Stefans Aussage bringt Tobias schon wieder zum Schmunzeln. Er fängt an zu erzählen: «Das ist relativ leicht erklärt. Für jedes größere Ziel im Leben musst du Zeit, Geld und/oder Energie investieren. Wenn ich denke, dass etwas nicht wichtig ist, dann werde ich selbstverständlich dafür auch keine Zeit und Energie aufwenden. Wenn dir zum Beispiel Eishockey nicht wichtig ist, wirst du dich nicht darum bemühen, Neuigkeiten zu erfahren oder Spiele zu sehen. Einem großen Fan hingegen ist es sehr wichtig und er wird viel Zeit und Energie darauf verwenden. Wenn du die Einstellung hast, dass Geld nicht wichtig ist, wirst du also nicht so sorgsam damit umgehen oder darauf achten, Geld zu behalten.»

Stefan unterbricht Tobias etwas entnervt: «Ja, mir ist schon klar, dass ich mich nicht so sehr um meine Geldangelegenheiten kümmere, wenn mir das Geld nicht wichtig ist. Ich verstehe aber irgendwie noch nicht, warum Geld wichtig sein soll. Schließlich sind die eigene Gesundheit, die Familie und mein persönliches Glück doch viel wichtiger.»

Tobias antwortet trotz Tobias entnervten Unterton genauso freundlich wie bisher: «Da sprichst du wirklich einen sehr guten Punkt an. Geld ist sehr abstrakt und besitzt an sich keinen eigenen Wert. An deinem Leben ändert sich erst mal ja nichts, wenn du 2.000 Euro mehr oder weniger auf dem Konto hast. Dein Leben wird allerdings deutlich schöner, wenn du das Geld für Dinge nutzt, die dir persönlich wichtig sind. Du kannst zum Beispiel mit mehr Geld häufiger reisen oder anderen Dingen nachgehen, die dir wichtig sind. Ich kann mittlerweile von meinem Vermögen leben und bin nicht mehr darauf angewiesen, einer Arbeit alleine wegen des Geldes nachzugehen. Daher kann ich mich jetzt mehr um meinen Sohn kümmern und nehme nur noch Projekte an, die ich auch ohne Bezahlung angehen würde.

Arnold Schwarzenegger hat das sehr gut auf den Punkt gebracht: ‚Geld ist nicht wichtig. Deswegen ist es mir egal, ob ich 50 oder 70 Millionen Dollar habe. Je mehr Geld du hast, desto unwichtiger wird das Geld für dich. Geld ist solange wichtig, wie es dich daran hindert, dein Traumleben zu führen. Wenn du zum Beispiel nur wegen des Geldes einen Job ausüben musst, den du nicht magst, als Folge davon zu wenig Zeit für die Familie hast und dir mit deinem Einkommen nicht die Dinge leisten kannst, die du gerne haben würdest, ist Geld wichtig. Wenn du natürlich schon ein großartiges Leben hast und nichts verändern willst, ist Geld in dem Moment nicht so wichtig.

Das kann sich allerdings im Laufe des Lebens auch wieder ändern, weil du zum Beispiel deinen Job nicht mehr magst oder nicht mehr bei deinem bisherigen Arbeitgeber mit den nervigen Kollegen zusammenarbeiten möchtest. Mir ist es eigentlich vollkommen egal, wie viel Geld ich in den nächsten Jahren noch verdiene oder dazubekomme. Auch mit einem doppelt so großen Vermögen würde ich nichts an meinem Leben verändern. Ist das bei dir auch so? Würdest du mit mehr Geld etwas in deinem Leben verändern oder andere Entscheidungen treffen?»

Die Frage kommt Stefan schon fast wie ein schlechter Witz

vor. Sein ganzes Leben würde anders aussehen, wenn er nur genug Geld hätte. Er würde dann nicht mehr hier im Reisebüro arbeiten, könnte endlich seine Traumreise in die Karibik unternehmen und in eine größere und schönere Wohnung ziehen. Er antwortet deswegen wie aus der Pistole geschossen: «Ja, selbstverständlich würde ich anders handeln.»

«Dann weißt du jetzt ja, dass Geld für dich wichtig ist», antwortete Tobias mit einem Lächeln. «Aber lass uns wieder zu meiner Reise zurückkehren», setzte Tobias fort. «Die Karibikreise hört sich wirklich sehr gut an und ich würde sie gerne für meine Familie für nächstes Jahr buchen», sagte Tobias.

Alles, was Tobias gesagt hat, ergibt für Stefan allmählich Sinn und er versteht langsam, warum es sinnvoll sein könnte, sich um sein Geld zu kümmern. Bereits in diesen wenigen Minuten hat er mehr über Geld gelernt, als in seinem gesamten Erwachsenenleben. Er würde sehr gerne noch viel mehr von Tobias lernen. Stefan steht allerdings vor einem kleinen Problem: Die Reise, wie er sie gerade im Detail erzählt hatte, gibt es im Programm des Reiseveranstalters nicht. So würde nur seine ganz persönliche Karibikreise aussehen, wenn er sie planen würde. Er kann Tobias nur eine normale, nach seiner Meinung sogar relativ langweilige, Kreuzschifffahrt durch die Karibik anbieten. Da kommt Stefan eine wirklich geniale Idee. Er ist sich zwar etwas unsicher, ob Tobias auf sein Angebot eingehen wird, aber er hat ja eigentlich nichts zu verlieren.

Er erklärt Tobias: «Leider muss ich dir mitteilen, dass es die von mir beschriebene Karibikreise nicht in unserem Reiseangebot gibt. Wir haben nur Standardkreuzfahrten durch die Karibik, die ich selbst nicht buchen würde. Bei einer solchen Tour siehst du nämlich nur sehr wenig von den einzelnen Inseln und der dortigen Kultur. Allerdings kann ich dir ein Angebot machen: Ich plane für dich und deine Familie eine maßgeschneiderte Karibikreise nach euren eigenen Vorstellungen und kümmere mich dabei um alle organisatorischen Dinge. Niemand kennt sich so gut in der Karibik aus und kennt so viele spannende Ecken wie ich. Ihr werdet durch meine Planung einen unglaublichen und unvergesslichen Urlaub zusammen erleben. Im Gegenzug bringst du mir bei, was du über Geld und Reichtum weißt. Du scheinst dich ja ganz gut auszukennen und auch über ein gewisses Vermögen zu verfügen. Was hältst du davon?»

«Du bist ja ein durchtriebener Fuchs», antwortet Tobias und bricht in schallendes Gelächter aus. Als er sich wieder gefangen hat, führt er weiter aus: «Das hat mir bisher noch niemand angeboten. Die meisten wollen zwar vermögend werden, sind aber nicht bereit, etwas zu lernen oder erfolgreiche Menschen nach ihren Geheimnissen zu fragen. Vor allem sind die meisten viel zu neidisch, um sich länger mit mir zu beschäftigen. Das hört sich nach einem guten Angebot an. Ich bringe dir mein Wissen über Geld bei und du planst eine unglaublich tolle Karibikreise für mich.» Er steht auf, streckt Stefan seine Hand entgegen und sagt: «Also haben wir einen Deal!» Stefan steht ebenfalls auf und schlägt ein. Er hätte niemals damit gerechnet, dass Tobias so positiv auf sein Angebot reagieren würde. Allerdings hat er ihn heute schon einige Male vollkommen falsch eingeschätzt.

«Ruf mich einfach an, wenn du weiter mit der Planung der Reise bist», sagt Tobias und übergibt Stefan seine Visitenkarte. «Ich werde mich dann bei dir melden, wenn wir mit dem Unterricht beginnen können», fügt er noch hinzu.

«Das hört sich gut an. Ich schicke dir dann die Details per E-Mail zu und bin schon auf den Unterricht gespannt. Ich habe schon seit vielen Jahren keine Schulbank mehr gedrückt», antwortet Stefan mit breitem Grinsen.

«Super, dann bis bald», sagt Tobias und gibt Stefan zum Abschied die Hand.

Als Tobias das Reisebüro verlässt und draußen in den roten Ferrari steigt, hat Stefan irgendwie sehr gemischte Gefühle. Tobias wirkt auf ihn sehr positiv und er ist ihm sehr sympathisch.

Für ihn passt es aber einfach nicht zusammen, dass jemand insgesamt ein guter Mensch ist und sich gleichzeitig einen Ferrari leisten kann. Irgendwie kommt ihm die ganze Begegnung mit Tobias ziemlich unwirklich vor. So als würde er schon wieder träumen.

Den ganzen Tag während Stefan seiner Arbeit nachgeht und selbst als er sich auf den Nachhauseweg begibt, muss er noch über Tobias Worte nachdenken. Doch als er am nächsten Morgen wieder zur Arbeit geht, hat er die gestrige Begegnung eigentlich schon fast wieder vergessen. Umso überraschter ist er, dass an der Eingangstür ein Brief befestigt ist. Darauf steht in schnörkeliger Handschrift: «Für Stefan».

Noch bevor er das Reisebüro aufschließt, reißt er gespannt den Brief auf. Im Briefumschlag ist ein kleines weißes Papier, auf dem in der gleichen schnörkeligen Handschrift geschrieben steht: «Samstag 10 Uhr: Treffen am Glaubenshaus.»

Stefan ist schon wieder verwirrt und fühlt sich gerade etwas verarscht. «Soll das eine Art Rätsel sein? Will Tobias ihn etwa damit auf den Arm nehmen? Was soll diese Art der Geheimniskrämerei?» Entnervt dreht Stefan das Papier herum und sieht dort einen weiteren Hinweis: «PS: Damit ist die Filiale der großen Bank in der Nähe des Hauptbahnhofs gemeint. Falls du nicht weißt, was ein Glaubenshaus ist.» Stefan denkt sich dazu: «Was das wohl bedeuten soll? Bei einem Glaubenshaus denkst du doch wohl zuerst an eine Kirche und nicht an eine Bank.»

Auch wenn sich Stefan über Tobias Geheimniskrämerei aufregt, ist er jetzt sehr gespannt und neugierig auf das Treffen am Samstag.

Ein ungewöhnlicher Bankbesuch

Kurz vor 10 Uhr kommt Stefan am Bahnhofsvorplatz an, an dem sich die lokale Bank befindet. Tobias wartet bereits vor der Bank auf ihn und ist über seine Ankunft sehr erfreut. Er begrüßt ihn überschwänglich mit den Worten: «Guten Morgen. Du hast den Briefumschlag scheinbar gefunden und bist neugierig geworden. Das freut mich wirklich sehr.»

Mit einem verschmitzten Lächeln antwortet Stefan darauf: «Dir auch einen schönen Morgen. Ohne deinen Hinweis auf der Rückseite wäre ich aber eher zur nächstgelegenen Kirche gegangen. An eine Bank hätte ich bei deinem komischen Rätsel nicht gedacht. Du hättest das ja nicht so geheimnisvoll und spannend beschreiben müssen.»

«Ich war mir einfach nicht sicher, ob du gekommen wärst, wenn ich dich einfach nur so gebeten hätte, zur Bank zu kommen. Es sollte ja ein bisschen Spannung dabei sein und deine Neugier wecken. Außerdem macht es viel mehr Spaß, andere Menschen zu verwirren und vor Rätsel zu stellen», antwortet Tobias.

«Aber lass uns erst mal kurz in die Bank gehen und etwas Geld abheben. Danach können wir mit der ersten Lektion beginnen», fügt Tobias hinzu und geht zielstrebig zum nächsten Geldautomaten.

Stefan fühlt sich mit der Erklärung, warum Tobias die Karte eher als Rätsel formuliert hat, schon ein wenig ertappt. Er ist sich gerade auch nicht ganz sicher, ob er einfach so zu einer Bank gekommen wäre. Schließlich ist ihm das ganze Arrangement mit der Reiseplanung und dem Geld-Coaching durch Tobias noch etwas suspekt, obwohl es seine eigene Idee war.

Während Stefan noch seinen Gedanken nachhängt, hat Tobias bereits das Geld abgehoben und geht zu einem kleinen Tisch, an dem man normalerweise die Kontoauszüge sortieren oder

Überweisungsträger ausfüllen kann. Erst jetzt sieht Stefan, dass Tobias einen ganzen Batzen an Hunderteuroscheinen abgehoben hat und diese jetzt wild auf dem kleinen Tisch verteilt.

Tobias zeigt mit dem ausgestreckten Arm auf den Geldstapel und fragt: «Was für einen Wert hat das hier alles?» Stefan schaut ganz perplex auf die vielen Geldscheine. In seinem ganzen Leben hat er noch nie so viel Geld auf einem Haufen gesehen. Zögerlich antwortet Stefan: «Das dürfte ungefähr meinem Jahreseinkommen entsprechen. Also etwa 25.000 bis 30.000 Euro wert sein.»

Tobias schüttelt vehement den Kopf und sagt darauf: «Du scheinst meine Frage nicht verstanden zu haben. Ich will von dir nicht wissen, wie viel Geld hier auf dem Tisch liegt. Mich interessiert nur, welchen Wert dieses Geld hat.»

«Dann weiß ich wirklich nicht, was du damit meinen könntest. Wenn ich zum Beispiel zu einem Autohändler gehe und nach dem Wert eines Autos frage, wird er mir einen bestimmten Eurobetrag nennen. Der Wert wird letzten Endes in Geld gemessen und damit ist das Geld ungefähr 25.000 Euro wert», antwortet Stefan sichtlich genervt.

Tobias muss bei Stefans Beschreibung anfangen zu schmunzeln. Er führt weiter aus: «Wir kommen der Sache schon langsam näher. Du merkst, es ist gar nicht so leicht, zu beschreiben, was Geld eigentlich wert ist. Schließlich nehmen wir das Geld in den meisten Fällen als einen Maßstab, um Wert auszudrücken. Es fällt uns ja auch schwer, zu beschreiben, wie warm 20 °C sind, ohne die Temperatur als Maßstab zu nehmen. Deshalb fällt es uns beim Geld selbst ziemlich schwer, einen eigenen Wert festzumachen. Der tiefer liegende Grund dafür ist aber noch einfacher: Geld hat keinen Wert. Es ist einfach nur buntes, bedrucktes und wertloses Papier.»

Schon alleine an seiner Körpersprache erkennt Tobias, dass Stefan endgültig verwirrt ist und ihm sofort widersprechen will. Tobias lässt Stefan allerdings gar nicht zu Wort kommen und erzählt direkt weiter: «Ich weiß schon ganz genau, dass du mir jetzt widersprechen willst, weil das dein komplettes Weltbild und deine Sicht auf Geld infrage stellt. Aber hör mir erst mal bis zum Ende zu und dann wirst du es auch verstehen. Es ist ganz wichtig, zu verstehen, was Geld ist. Die meisten denken darüber nicht besonders viel nach und wundern sich dann, dass sie damit nicht klarkommen. Bildlich gesprochen wäre es so, als würdest du versuchen, eine Schraube mit einem Hammer in die Wand zu schlagen, weil du die Schraube für einen Nagel hältst.

Um mit Geld gut umgehen zu können, musst du verstehen, warum Geld eigentlich keinen Wert hat. Du kannst dein Geld gegen irgendeine Ware, wie zum Beispiel ein Auto, eintauschen. Du wirst mir wahrscheinlich zustimmen, dass ein Auto an sich einen Wert hat und damit Geld als Tauschmittel auch einen Wert haben muss. Sonst würde ja keiner diesen Tauschhandel eingehen.»

Stefan nickt und antwortet: «Genau das meine ich ja. Ich kann mir mit Geld Dinge kaufen und damit muss das Geld einen Wert haben.»

Tobias fährt weiter fort: «Ich sehe, du kannst mir bis hierhin folgen. Wir sind uns schon mal einig, dass Geld in gewisser Weise einen Wert haben muss, weil ich es gegen andere Werte tauschen kann. Was passiert denn in dem Fall, wenn niemand mehr bereit ist, dein Geld anzunehmen. Hat das Geld dann auch noch einen Wert?»

Etwas verunsichert entgegnet Stefan: «Äh, lass mich darüber kurz nachdenken. Eigentlich hätte es dann keinen Wert, weil ich es auch nicht mehr nutzen kann. Aber das ist doch etwas unrealistisch, dass keiner mehr mein Geld haben will. Jeder ist doch hinter dem Geld her und möchte mehr davon haben, oder nicht?»

Tobias macht dieses Gespräch einfach unglaublich viel Spaß und er erklärt enthusiastisch: «Im Normalfall hast du mit deiner Aussage natürlich recht. In den allermeisten Fällen zweifelt keiner den Wert des Geldes an und strebt deshalb danach, mehr Geld einzunehmen. Das funktioniert, weil die Menschen daran glauben, dass Geld einen Wert hat. Die Menschen glauben, dass sie ihr Geld in der Zukunft noch gegen Lebensmittel, Spielsachen und Statussymbole eintauschen können. Solange die Menschen daran glauben, hat Geld einen Wert.»

Stefan unterbricht entnervt: «Du widersprichst dir die ganze Zeit selbst. Zuerst sagst du, Geld hat keinen Wert, und jetzt sagst du wiederum, dass Geld einen Wert hat. Was stimmt denn nun wirklich? Hat Geld einen Wert oder ist es wertlos?»

Tobias deutet auf eine Säule in der Bank und antwortet: «Bei einer solchen Säule kannst du ganz genau feststellen, wie groß diese ist. Entweder ist sie drei oder vier Meter hoch. Beides geht allerdings auf keinen Fall.

Beim Geld ist es allerdings so, dass es nicht nur eine richtige Antwort auf deine Frage gibt. Bei der Bestimmung seines Wertes kommt es nämlich darauf an, was die Mehrheit der Bevölkerung über den Wert des Geldes denkt. Solange sie an den Wert des Geldes glaubt, hat es einen Wert. Wenn die Menschen das Vertrauen in die Währung verlieren, hat Geld keinen Wert mehr. Hierbei spricht man auch von einer sich selbsterfüllenden Prophezeiung. Wenn die Mehrheit der Europäer nicht mehr an den Euro glauben und daher auch das Geld nicht mehr akzeptieren würde, würde das Geld wertlos sein.

Der Glaube an eine bestimmte Sache, wie zum Beispiel den Wert des Geldes, führt erst zu dem jeweiligen Ergebnis. Bei der Säule wiederum ist es vollkommen egal, was du darüber denkst. Die Säule wird nicht größer oder kleiner, nur weil sich dein Glauben verändert hat. Dieses Paradox sorgt dafür, dass es so schwer ist, den Wert des Geldes zu verstehen. Geld ist also zugleich wertvoll und wertlos. Je nach Sichtweise und Situation.»

«Ok, ich fange langsam an zu verstehen, was du meinst. Geld an sich hat eigentlich keinen Wert und nur durch den Glauben, dass ich das Geld in der Zukunft wieder gegen andere Werte eintauschen kann, erhält das Geld seinen Wert. Aber warum ist es für mich wichtig, zu wissen, dass der Wert des Geldes vom Glauben der Menschen abhängt? Eigentlich kann mir das doch völlig egal sein oder täusche ich mich da?», fragt Stefan.

Tobias fängt an, die Geldscheine auf dem Tisch wieder zusammenzupacken und denkt kurz über Stefans Frage nach. Nach einer kurzen Denkpause antwortet Tobias etwas zögerlicher: «In einem halben Jahr und nach einigen weiteren Lektionen wirst du es wahrscheinlich viel besser verstehen. Für die heutige Lektion gibt es zwei gute Gründe. Lass es mich einfach mal so sagen: Die Masse der Menschen versteht Geld nicht wirklich und hat viele stark negative Überzeugungen zu Geld und Reichtum. Durch die Erziehung, das Umfeld, die Medien, die Kirche und verschiedene Vorbilder werden negative Überzeugungen zu Geld und Reichtum weitergegeben und ungeprüft übernommen. So ist Geld angeblich schlecht, verdirbt den Charakter und ist die Wurzel allen Übels. Mit der heutigen Lektion wollte ich dir bewusst machen, dass du bestimmte Glaubenssätze über Geld und Reichtum hast. Bisher warst du ganz fest davon überzeugt, dass Geld in jedem Fall einen Wert hat und sich daran nichts ändern kann. Das hindert dich daran, wirklich vermögend zu werden, und das war dir bisher wahrscheinlich auch nicht wirklich bewusst.»

Stefan schüttelt den Kopf. Ihm ist bis jetzt auch noch nicht wirklich klar, warum ihn das daran hindern sollte, reich zu werden. Er lässt Tobias aber einfach weiter erklären: «Die meisten Menschen glauben, dass die Reichen ihr ganzes Vermögen auf einem Konto haben. Das stimmt aber überhaupt nicht. Reiche Menschen sind sich nämlich bewusst, dass Geld seinen Wert verliert, wenn die Menschen ihren Glauben ans Geld verlieren. Darum wird der Großteil des Vermögens in Sachwerte investiert und nicht als Geld auf dem Konto oder in bar gehalten. Sachwerte sind hier zum Beispiel Edelmetalle, Immobilien, Grundstücke und Unternehmen. Diese behalten ihren Wert auch bei einem Währungscrash und sorgen in den meisten Fällen auch erst dafür, dass die Menschen reich werden. Die meisten Reichen haben nämlich ein Unternehmen aufgebaut oder ihr Vermögen durch Investitionen in Sachwerte erschaffen. Du wirst keinen Reichen finden, der sein Geld nur auf dem Konto aufbewahrt und dafür Zinsen kassiert.»

«Widersprichst du dir dann nicht selbst, wenn du so viel Geld auf dem Konto oder in bar hast?», fragt Stefan und zeigt auf den Stapel an Hunderteuroscheinen.

«Du musst das einfach in Relation zum Gesamtvermögen sehen. Wenn ich nur 25.000 Euro besitzen würde, wäre es natürlich ziemlich unklug, dies alles als Bargeld zu haben. Aus deiner Sicht wird das wahrscheinlich auch ziemlich viel Geld sein. Für mich ist das allerdings nur ein kleiner Bruchteil meines Vermögens und entspricht etwa einem Monatseinkommen», antwortet Tobias ganz beiläufig.

Stefan klappt die Kinnlade herunter und er schaut Tobias fassungslos an. Er kann nicht fassen, was er da gerade eben gehört hat: 25.000 Euro im Monat? Tobias verdient also in einem einzigen Monat fast mehr als er im gesamten Jahr zusammen. Stefan versucht, seine Verwirrung in Worte zu fassen: «Wie kannst du so viel Geld in einem einzigen Monat verdienen?»

«Lass uns darüber später mal sprechen. Es ist auf jeden Fall keine normale Arbeit», antwortet Tobias und fängt an zu lachen. Er fügt weiter hinzu: «Eine Sache kann ich dir auf jeden Fall sagen: Ich musste dafür meine Art zu denken und handeln drastisch verändern. Früher habe ich ähnlich wie du über Geld und reiche Menschen gedacht. So, ich denke, für heute reicht es mit Lektionen, denn du musst das ja auch noch verarbeiten und sacken lassen. Lass uns also nächste Woche weiterarbeiten.

Ich habe aber noch eine kleine Hausaufgabe für dich. Setz dich mal zu Hause in Ruhe hin und schreib alle Überzeugungen auf, die du zu Geld und reichen Menschen hast. Solche Glaubenssätze wie zum Beispiel ‚Geld ist nicht wichtig' oder ‚Reichtum ist schlecht'. Das werden wir in der nächsten Zeit brauchen, um weiter an deinen Glaubenssätzen arbeiten zu können und dafür zu sorgen, dass du auch 25.000 Euro im Monat verdienst. Was sagst du dazu?»

Mit einem Lächeln auf dem Gesicht antwortet Stefan: «Ich glaube wirklich, dass ich die ganzen Informationen von heute erst mal sacken lassen muss. Das waren wirklich viele ganz neue und vor allem ganz andere Sichtweisen. Jetzt verstehe ich auch deinen Hinweis mit dem Glaubenshaus und der Bank. Die Bank lebt letztendlich vom Glauben der Menschen, dass Geld einen Wert hat.»

«Das Ganze geht sogar noch einen Schritt weiter: Die Bank lebt davon, dass sie anderen Menschen einen Kredit gewährt und hierfür Zinsen erhält. Sie verleiht nur Geld an Menschen, von denen sie glaubt, dass sie das Geld inklusive Zinsen zurückzahlen. Der Ursprung des Wortes Kredit liegt in dem lateinischen Wort ‚credere', was so viel wie ‚glauben' bedeutet. Sie ist also ein Glaubenshaus im zweifachen Sinne», merkt Tobias an.

Stefan und Tobias gehen gemeinsam nach draußen. Zur Verabschiedung sagt Tobias: «Wir können uns dann nächste Woche zur gleichen Zeit wieder hier in der Stadt treffen und weitermachen. Dann zeige ich dir, was die wichtigste Einstellung für finanziellen Erfolg ist. Und denk bloß an deine Hausaufgaben! Tschau, bis nächste Woche.»

Stefan gibt Tobias zum Abschied die Hand und sagt schelmisch: «Ja, Herr Lehrer. Bis zur nächsten Woche.»

Bevor sich Stefan auf den Nachhauseweg macht, geht er noch schnell im nächstgelegenen Supermarkt ein paar Sachen für das Wochenende einkaufen. Als er an der Kasse einen Fünfzigeuroschein zum Bezahlen rausholt, muss er unweigerlich an die heutige Lektion denken und schmunzeln. Eigentlich ist noch alles so wie vor der heutigen Lektion und am Bezahlvorgang an sich hat sich nichts verändert. Allerdings hat sich seine Ansicht zu Geld bereits nach dieser einen Stunde mit Tobias verändert. Ihm ist klar, dass sein Geld nur einen Wert hat, weil die Kassiererin bereit ist, das Geld im Tausch für Lebensmittel anzunehmen. Sonst könnte er mit dem Geld nichts anfangen und es hätte keinen Wert. Je mehr er darüber nachdenkt, desto logischer erscheinen ihm die Erklärungen von Tobias. Eigentlich verwunderlich, dass er das bisher von keinem gehört hat und nicht selbst darauf gekommen war.

Er ist schon sehr gespannt, was ihn am nächsten Wochenende erwartet und was er dann lernen wird.

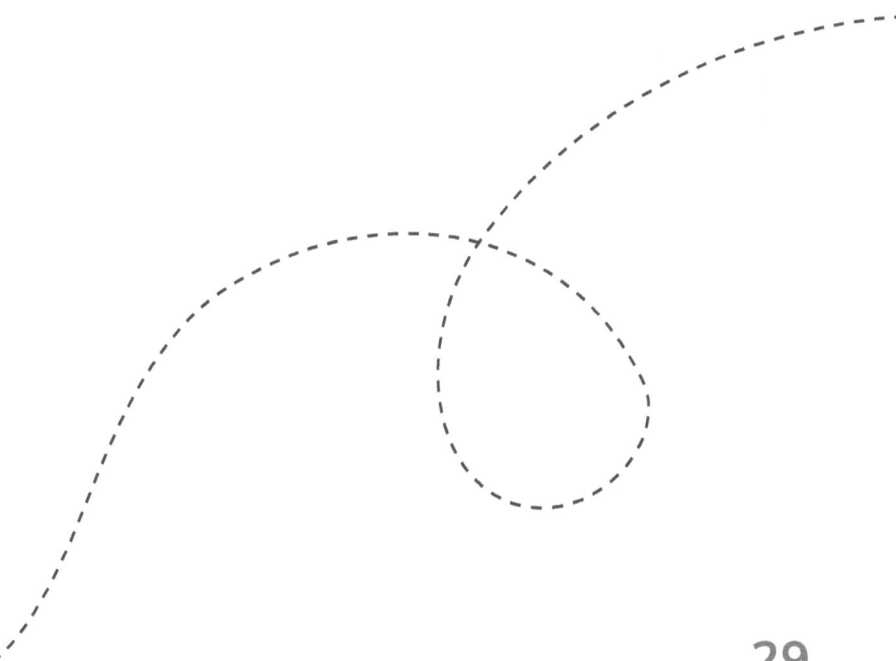

Warum bist du noch kein Millionär?

Dieses Mal kommt Stefan vor Tobias am vereinbarten Treffpunkt in der Stadt an. Während er auf Tobias wartet, lässt er die letzte Woche noch mal Revue passieren. Stefan hat auf der Arbeit viel über Tobias Hausaufgabe mit den Glaubenssätzen nachgedacht. Regelmäßig fielen ihm im Alltag Überzeugungen zu Geld und reichen Menschen auf, von denen ihm bisher überhaupt nicht bewusst war, dass er diese hatte.

Vor allem fragt er sich permanent, wie er zu den einzelnen Überzeugungen gekommen ist und was daran falsch sein sollte. Bei seinem alten Glaubenssatz ‚Geld ist nicht wichtig' ist ihm mittlerweile klar, dass das nur die halbe Wahrheit ist. Schließlich könnte er mit mehr Geld seinen nervigen Job aufgeben und seine Traumreise durch die Karibik durchführen. Bei anderen Glaubenssätzen ist ihm allerdings noch nicht klar, was daran falsch sein könnte.

Stefan ist so in Gedanken, dass er die Ankunft von Tobias zuerst gar nicht bemerkt. «Guten Morgen, Stefan. Lass uns eine Runde spazieren gehen», sagt Tobias und zeigt in Richtung Innenstadt.

«Morgen», antwortet Stefan nur kurz und folgt Tobias Einladung.

Tobias legt, ohne langes Warten oder irgendeine Art des Smalltalks, direkt los: «Warum bist du noch kein Millionär?»

Etwas verdattert antwortet Stefan darauf direkt: «Das liegt doch ganz klar auf der Hand, warum ich kein Millionär bin: Mein Chef zahlt mir viel zu wenig Geld, die Steuern sind viel zu hoch und alles ist so unheimlich teuer.»

«Sehr interessant», sagt Tobias mehr zu sich selbst. «Lass mich noch eine weitere Frage stellen: Wie bist du heute zum Beispiel hierhergekommen?», fragt Tobias.

«Was für eine Frage. Ich habe mich in die Straßenbahn gesetzt und bin in die Stadt gefahren», antwortet Stefan etwas genervt.

«Aha, sehr spannend. Wie bist du denn an deinen Job im Reisebüro gekommen?», fragt Tobias weiter, ohne auf Stefans Antwort näher einzugehen.

«Ich habe nach Stellenanzeigen in der Zeitung und im Internet gesucht und mich dann auf den Job beworben. Jetzt erklär mir aber mal bitte, was diese ganze Fragerei soll. Was hat das mit dem Thema Geld und Reichtum zu tun?», antwortet Stefan noch gereizter als zuvor.

«Dazu komme ich gleich. Beantworte mir nur noch eine einzige Frage und dann bin ich auch mit meiner Diagnose fertig», sagt Tobias daraufhin und lächelt Stefan an. «Wie hast du deinen Schulabschluss erworben?»

«Ich bin zur Schule gegangen, habe viel zu Hause gelernt und im Unterricht aufgepasst und mitgemacht», antwortet Stefan und schaut Tobias gespannt an.

Nach einer kurzen Pause sagt Tobias: «Ich hatte mir es am Anfang schon fast gedacht, aber jetzt steht es fest: Du bist ein Opfer.»

Stefan schaut Tobias wütend an und möchte ihm sofort eine entnervte Antwort darauf geben, aber Tobias lässt ihn nicht zu Wort kommen und redet weiter: «Du bist also kein Millionär, weil dir dein Arbeitgeber zu wenig zahlt, die Steuern und das Preisniveau in Deutschland so hoch sind? Ist es nicht viel wahrscheinlicher, dass du zu wenig tust, um mehr Gehalt zu bekommen oder dich selbst nicht genug weitergebildet hast? Oder könnte nicht vielleicht auch ein Grund für deine Situation sein, dass du dich bisher nicht genug darum gekümmert hast? Dass du ohne großes Hinterfragen Kredite aufgenommen und dein Geld für Konsum ausgegeben hast? Für deine finanzielle Lage gibst du anscheinend unbeeinflussbaren Umständen die Schuld. Das macht dich zum Opfer der Umstände. Das ist für das eigene Gewissen schön, weil du dann für den eigenen Misserfolg nicht verantwortlich bist und die Ursache aus deiner Perspektive alleine in den äußeren Umständen liegt. Du kannst also den schwarzen Peter des Misserfolgs jemand anderem zuschieben.

Im Gegensatz dazu siehst du bei allen positiven Dingen nur deinen eigenen Einsatz. So bist du hierhergekommen, weil **du** in die Straßenbahn gestiegen und hierher gefahren bist. Du hast den Job im Reisebüro bekommen, weil **du** nach Stellen gesucht und dich beworben hast. Du hast deinen Schulabschluss geschafft, weil **du** gelernt hast.

Wenn es heute nicht geklappt hätte und du zu spät gekommen wärst, wäre aus deiner Sicht wahrscheinlich nur die Straßenbahn daran schuld. Oder bei einer Ablehnung deiner Bewerbung wäre ausschließlich der Chef daran schuld. Im Falle einer nicht bestandenen Prüfung schiebst du wahrscheinlich die Schuld auf einen Lehrer, die blöden Fragen oder irgendetwas anderes.

Um etwas an deiner finanziellen Situation zu ändern, musst du allerdings die volle Verantwortung dafür übernehmen. Das bedeutet, besonders dann die Verantwortung zu übernehmen, wenn es gerade nicht gut läuft und etwas schiefgeht. Deine aktuelle finanzielle Situation ist das Ergebnis deiner Entscheidungen in der Vergangenheit. Erst wenn du die volle Verantwortung für alles in deinem Leben übernimmst und nicht mehr äußeren Umständen die Schuld gibst, kannst du an deiner Situation etwas verändern. Dann liegt es nämlich in deiner Hand, ob du erfolgreich bist oder nicht. Du hast in jeder Lebenslage zu einem gewissen Anteil Verantwortung an deiner Situation.»

Das trifft Stefan wirklich unvorbereitet. Er fühlt sich geradezu ertappt, dass er sich in der Vergangenheit wirklich oft hinter solchen Ausreden versteckt hat. Ganz einverstanden ist Stefan mit Tobias Sicht allerdings noch nicht und antwortet daher: «Du übertreibst allerdings jetzt ein bisschen mit der Verantwortung. Schließlich kannst du ja auch nicht für alles die Verantwortung übernehmen. Manchmal gibt es einfach Umstände, die sich einem in den Weg stellen und einen finanziell ganz schön treffen können. In gewisser Weise ist es ja auch Glück, ob du erfolgreich wirst.»

«Oh, da sprichst du zwei sehr wichtige Dinge an. Zum einen habe ich mein Konzept von Verantwortung scheinbar nicht deutlich genug erklärt und zum anderen scheint Erfolg für dich noch von Glück abhängig zu sein. Noch mal zur Erklärung, was ich unter Verantwortung verstehe: Natürlich kannst du im Leben Schicksalsschläge, wie zum Beispiel eine schwere Krankheit, haben. Auf solche Ereignisse hast du auch überhaupt keinen Einfluss und kannst sie nicht verhindern. Es geht jetzt auch nicht darum, für die Krankheit die Verantwortung zu übernehmen. Allerdings kannst du zu 100 Prozent Einfluss auf deine Reaktion nehmen und entscheiden, wie du mit der Krankheit umgehst und was deine nächsten Schritte sind. Du kannst der Krankheit die Schuld geben und dich ständig darüber ärgern oder die Situation akzeptieren und das Beste daraus machen. Viel beliebter ist es bei den meisten Menschen allerdings, sich mit der Krankheit zu identifizieren, um dann von anderen Menschen Aufmerksamkeit und Anerkennung zu erhalten. Sie betonen, wie schlecht es ihnen mit der Krankheit geht, und wollen eigentlich gar nicht wirklich, dass sie gesund werden.»

«Da kenne ich auch so ein paar Menschen, die stundenlang darüber erzählen können, wie schlecht es ihnen gerade geht. Du meinst also mit Verantwortung, dass du unabhängig von den positiven oder negativen Ereignissen in der Vergangenheit das Beste machst und nach vorne schaust?», fragt Stefan zum Verständnis noch mal nach.

«Meiner Meinung nach ist es hauptsächlich eine Sache der Sichtweise, ob du im Leben positive oder negative Ereignisse erlebst. Die vermeintlich negativsten Ereignisse in meinem Leben haben nämlich im Rückblick betrachtet erst dafür gesorgt, dass ich heute vermögend bin und mein Traumleben führen kann.

Als ich gekündigt habe und mein Sohn schwer krank wurde, habe ich mich tierisch darüber aufgeregt, dass ich ein solches Unglück ertragen muss. Mittlerweile bin ich für diese Ereignisse vollkommen dankbar und sehe es als das größte Glück in meinem Leben. Viele Sachen sehen zu Beginn schlimmer und bedrohlicher aus, als sie in Wirklichkeit sind, und bergen oft das Potenzial für positive Veränderungen», erklärt Tobias auf Stefans Frage hin.

Stefan schaut Tobias verwundert an und hakt noch mal nach: «Was ist denn passiert, dass du es so positiv bewertest? Ich kann mir gar nicht vorstellen, dass es etwas Positives daran geben kann.»

Nach einer kurzen Pause antwortet Tobias: «Ich glaube, ich erzähle dir meine persönliche Geschichte lieber zu einem späteren Zeitpunkt, wenn es besser passt. Nur so viel zu vermeintlich negativen Ereignissen: Häufig bleiben wir aus Bequemlichkeit in einem Job oder anderen Lebenssituationen, obwohl wir unzufrieden sind und lieber etwas verändern würden. Einschneidende Erlebnisse rütteln auf und helfen uns dabei, uns auf die wichtigen Dinge im Leben zu konzentrieren. Deswegen verändern viele auch etwas in ihrem Leben, wenn sie Kinder kriegen, einen Unfall haben oder jemanden aus ihrem engen Verwandten- oder Freundeskreis verlieren. Vieles relativiert sich oder wird durch solche Ereignisse erst grundlegend infrage gestellt.

Doch lass uns zurück zum eigentlichen Thema kommen. Du meintest vorhin noch, dass Erfolg ja auch von Glück abhängt. Aber ist das richtig?»

«Ja, genauso ist es. Erfolg hat auch sehr viel mit Glück zu tun. Als Buchautor ist es schließlich Glück, ob mein Buch gut ankommt. Für Schauspieler und andere Prominente gehören viele zufälligen Begegnungen und Bekanntschaften dazu, dass sie berühmt werden. In jeder Form von Karriere bin ich ja auch darauf angewiesen, dass mich mein Chef befördert. Da kann ich mit meinem Chef Glück oder Pech haben», sagt Stefan.

Tobias hat die Glücksausrede bereits so oft gehört, dass er fast mechanisch und wie vorbereitet antwortet: «Glück ist, wenn Vorbereitung auf Gelegenheit trifft. Hinter den meisten

,Glücksfällen' steckt sehr viel Arbeit und Vorbereitung. Ein Erfolg ist deshalb niemals ausschließlich auf Glück zurückzuführen. Im Gegenteil ist Glück in den allermeisten Fällen nur ein ganz kleiner Anteil. Der Großteil von Erfolg ist harte Arbeit, ständiges Lernen und außergewöhnlich starkes Durchhaltevermögen. Manchmal musst du nämlich Jahre oder Jahrzehnte für dein Glück arbeiten. Die meisten führen den Erfolg und Reichtum anderer Menschen auf pures Glück zurück, damit sie für sich selbst eine Ausrede haben, um nicht handeln zu müssen und gleichzeitig den Erfolg der anderen abwerten zu können. Damit bietet die Glücksausrede für die meisten eine Möglichkeit, um nicht zu 100 Prozent Verantwortung für das eigene Leben übernehmen zu müssen. Wenn in meinem Weltbild Erfolg von Glück oder Pech abhängig ist, dann brauche ich mich ja auch nicht besonders anzustrengen und mein Bestes zu geben.»

Als Tobias gerade mit seiner Erklärung am Ende ist, sagt Stefan: «In der Theorie hört sich das ja auch alles nachvollziehbar an, aber kannst du mir vielleicht mal ein praktisches Beispiel dazu geben? Also wo jemand Glück hatte und dahinter deiner Meinung nach eigentlich viel Arbeit steckte?»

Tobias muss wieder anfangen zu schmunzeln. In der Vergangenheit hatte er schon so oft von anderen Menschen gehört, dass seine Erfolge schließlich nur auf Glück zurückzuführen seien und er ohne Zufälle nichts erreicht hätte. Aus diesem Grund hat er viele gute Beispiele für genau diese Frage gesammelt. Er sagt daher zu Stefan: «Ja, natürlich. Ich kann dir dazu sogar etliche Beispiele nennen. Vorhin hatte ich ja schon erwähnt, dass du für Erfolge ein großes Durchhaltevermögen brauchst. Meiner Meinung nach ist das auch mit Abstand die wichtigste Erfolgseigenschaft, weil du vor jedem Erfolg viele Niederlagen einstecken musst.

Nehmen wir nur mal Joanne K. Rowling als Beispiel. Das Manuskript von Harry Potter wurde dutzende Male von den unterschiedlichsten Verlagen abgelehnt, bevor ihr der

Bloomsbury-Verlag eine Chance gab. Die Harry Potter-Reihe wurde zu einer der erfolgreichsten aller Zeiten und verkaufte sich mehr als 450 Millionen Mal.

Stephen King erhielt zum Beispiel für sein erstes Werk so viele Absagen, dass er das Manuskript in den Papierkorb warf. Nur seiner Frau ist es zu verdanken, dass das Manuskript und damit seine Karriere aus dem Mülleimer gerettet wurden. Er ist mittlerweile einer der erfolgreichsten Thriller-Autoren mit Millionen verkaufter Bücher.

Der große Traum von Sylvester Stallone war es, Schauspieler zu werden und in Hollywood groß rauszukommen. Vor seinem Durchbruch besaß er knapp 100 Dollar, hauste in einem abrissreifen Apartment, fuhr mit dem Bus, weil sein Auto hinüber war, und musste sogar seinen geliebten Hund Butkus verkaufen. Er mistete Löwenkäfige im Central Park Zoo seiner Geburtsstadt New York aus und war Kinoplatzanweiser. Wegen seines Aussehens und seines Sprachfehlers bekam er fast überhaupt keine Rollen als Schauspieler, und wenn, waren es nur Nebenrollen.

Er fing an, Drehbücher zu schreiben und sie verschiedenen Studios unter der Auflage anzubieten, dass er die Hauptrolle spielt. Seine ersten neunundzwanzig Drehbücher wurden alle dutzende Male von den unterschiedlichsten Studios abgelehnt. Erst sein dreißigstes Drehbuch ‚Rocky' war ziemlich begehrt. Viele Studios wollten ihm das Drehbuch abkaufen, doch niemand war bereit, Sylvester Stallone die Hauptrolle zu geben. Ein Studio bot ihm sogar 360.000 Dollar an, die er allerdings ausschlug.

Letztendlich willigte ein anderes Studio bei dem Deal ein und ließ Sylvester Stallone die Hauptrolle spielen. Dafür erhielt er allerdings nur eine winzige Gage und sehr wenig Geld für das Drehbuch. Der Film spielte am Ende über 100 Millionen Dollar weltweit ein und dank seiner ausgehandelten Gewinnbeteiligung wurde Sylvester Stallone über Nacht Millionär.

Ich könnte dir noch etliche weitere Geschichten erzählen. Es sind eigentlich immer harte Arbeit und viele Rückschläge bis zum Erfolg erforderlich. Ich habe bereits hunderte Biographien gelesen und habe dies als größte Erkenntnis für mich mitgenommen: Es ist niemals nur Glück. **Niemals!**»

Stefan schaut Tobias etwas verdattert an und sagt: «Wow! Ich wusste ja gar nicht, welche Geschichten hinter den einzelnen Erfolgen stehen. Und du sagst, das ist bei den meisten Erfolgsgeschichten so? Wieso hörst du denn davon nichts im Fernsehen oder in der Presse? Das sind schließlich ganz berühmte Menschen.»

Tobias holt tief Luft und erklärt: «Lass es mich so sagen: Zeitungen und das Fernsehen sind auch nur Wirtschaftsunternehmen. Sie müssen letztendlich das liefern, was die Masse lesen oder hören will. Sie müssen nämlich ihre Nachrichten verkaufen, um ihre Mitarbeiter und die Recherche bezahlen zu können. Wenn keiner mehr ihre Nachrichten konsumiert, gehen die Unternehmen pleite. Weil die Masse der Menschen nicht so erfolgreich ist wie die Promis und gerne glaubt, dass deren Erfolg reiner Zufall ist und die Menschen nur Glück hatten, werden die Zeitungen nicht über das Gegenteil schreiben. Am besten verkaufen sich nämlich Schreckensmeldungen und Berichte, die die Sichtweise der Leser bestätigen.

Wir Menschen möchten nur ungern mit gegenteiligen Meinungen und Sichtweisen konfrontiert werden, denn das ist ziemlich anstrengend für das Gehirn. Wenn die Zeitung der Sichtweise der Masse widerspricht, werden die Verkaufszahlen spürbar zurückgehen. Zudem glauben die meisten Journalisten wahrscheinlich auch daran, dass der Erfolg berühmter Menschen nur auf Glück zurückzuführen ist.

Ich hatte dir zuvor ja schon gesagt, dass das eine wunderschöne Ausrede ist. Wenn es nur Glückssache ist, ob du erfolgreich wirst, brauchst du dich ja auch nicht schlecht zu fühlen. Du kannst dann schließlich überhaupt nichts für deinen Misserfolg.»

«Das hört sich für mich irgendwie so ein bisschen nach Verschwörungstheorie an. Die Medien verschweigen der Bevölkerung die Erfolgsgeheimnisse», sagt Stefan und grinst Tobias an.

«Um etwas verschweigen zu können, muss ich es auch erst mal wissen. Und daran scheitert es bei den meisten Journalisten ja schon. Um die ‚Erfolgsgeheimnisse' zu erfahren, musst du eigentlich nur wissen, welche die richtigen Quellen sind und diese dann anzapfen. Gegen sehr wenig Geld kommst du heutzutage an dieses Wissen heran. Du musst einfach nur die erfolgreichen Menschen um Rat fragen.

Du kannst zum Beispiel von Steve Jobs den Aufbau eines Unternehmens lernen oder von Profisportlern, wie du richtig fit wirst. Wahrscheinlich wirst du mit den meisten sehr erfolgreichen Menschen keinen Kontakt haben oder die Menschen leben auch zum Teil nicht mehr. Allerdings haben viele erfolgreiche Menschen ihre Erfahrungen in Büchern und Biographien niedergeschrieben. Wenn du jetzt etliche Geschichten von den erfolgreichen Menschen liest, wirst du gewisse Muster feststellen und lernen, dass es prinzipiell immer die gleichen Schritte sind. Reich werden ist so wie Fahrrad fahren: Es ist erlern- und auch reproduzierbar. Dafür müssen wir allerdings erst mal einige Mythen aus dem Weg räumen, es richtig erlernen und dann auch umsetzen.

Ich kann dir noch ein weiteres Erfolgsgeheimnis verraten: Erfolgreiche Menschen lesen sehr viele Bücher und bilden sich auffallend viel weiter. Ich kenne eigentlich kaum einen erfolgreichen Menschen, der weniger als ein Sachbuch im Monat liest. Bei den erfolglosen Menschen kenne ich dafür fast keinen, der mindestens ein Sachbuch im Monat liest. Wenn du dich ständig weiterbildest und dazulernst, wirst du nämlich irgendwann automatisch Teile der gelernten Sachen umsetzen und erfolgreicher werden», erzählt Tobias.

«Das klingt für mich plausibel. Lass mich noch mal kurz zusammenfassen, was ich bisher Neues von dir gelernt habe: Über Geld und Reichtum gibt es viele falsche Vorstellungen und Glaubenssätze, die die Menschen am Erfolg hindern. So kann ich finanziell nicht erfolgreich werden, wenn ich daran glaube, dass Geld nicht wichtig, Reichtum nur Glückssache ist und ich anderen Menschen für meinen Erfolg oder Misserfolg die Verantwortung übertrage. Es kommt darauf an, selbst Verantwortung zu übernehmen und zu sehen, was ich bewirken kann.

Weil Reichtum und Erfolg in anderen Bereichen zu großen Teilen auf Wissen und Fähigkeiten beruhen, sind sie erlernbar und wiederholbar. Ich kann also von den erfolgreichsten Menschen der Welt durch Bücher lernen, wie sie es geschafft haben, und Teile davon auf mein Leben übertragen. Ist das so richtig?», fragt Stefan.

Tobias lächelt Stefan an und sagt: «Besser hätte ich es selbst nicht zusammenfassen können. Ich denke, das reicht für heute mit dem Input. Nächste Woche treffen wir uns dann am großen See vor der Stadt. Dann werden wir etwas konkreter und ich bringe dir die drei wichtigsten und universellen Reichtums-Gesetze bei. Wenn du diese drei Gesetze in deinem Leben konsequent beachtest, wirst du von Jahr zu Jahr automatisch vermögender. Also, bis nächste Woche.»

«Da bin ich ja schon mal sehr gespannt, was das für Gesetze sind», sagt Stefan und gibt Tobias zum Abschied die Hand.

Auf dem Weg zur Straßenbahn und auf der Heimfahrt denkt er noch mal über Tobias Aussagen nach. Irgendwie ist es motivierend, für sich zu erkennen, dass der Mensch Einfluss auf den Erfolg hat und dieser nicht nur vom Glück abhängt. Bisher war er von Letzterem überzeugt und fühlte sich deswegen ohnmächtig und vom Glück benachteiligt.

Er freut sich schon auf das nächste Treffen, um endlich zu erfahren, wie es konkret funktioniert, finanziell erfolgreich zu werden.

Die drei Grundgesetze des Reichtums

Die Sonne scheint hell und klar über dem großen See. Für einen Wintermonat ist es ungewöhnlich warm. Stefan setzt sich in die Nähe der Brücke auf eine Parkbank und wartet auf Tobias. Die letzte Woche hat er viel darüber nachgedacht, was die Gesetze des Reichtums sein könnten und was das Geheimnis hinter dem Erfolg der Reichen ist. Er kann sich darunter noch nicht besonders viel vorstellen und ist deshalb gespannt, was Tobias ihm dazu erzählen wird.

«Guten Morgen, Stefan», begrüßt Tobias ihn überschwänglich, als er auf ihn zukommt und sich neben ihn auf die Bank setzt.

«Ich wünsche dir auch einen schönen guten Morgen. Lass uns direkt starten und mit der ersten Lektion anfangen», antwortet Stefan.

Tobias ist etwas überrascht, wie schnell Stefan zur Sache kommt und direkt die Initiative ergreift. Bisher war er schließlich noch zurückhaltend und hat, sich den Lektionen etwas widerstrebend ausgesetzt. Umso begeisterter fängt Tobias an zu sprechen: «Super, das freut mich, dass ich direkt anfangen soll. Heute kommt mit Abstand die wichtigste finanzielle Lektion, die du jemals lernen wirst. Wenn du dich an diese drei Grundregeln hältst, wirst du von Monat zu Monat und Jahr zu Jahr vermögender und nie mehr in finanzielle Schwierigkeiten kommen. Die Lektionen können sogar kleine Kinder verstehen, werden aber selbst von den meisten Erwachsenen nicht beachtet.

Ich hatte dir ja letzte Woche insgesamt drei Gesetze zum Reichtum versprochen. Dabei habe ich allerdings ein bisschen verschwiegen, dass es ein unverletzliches und mit Abstand wichtigstes finanzielles Gesetz gibt. Dieses Gesetz ist auch der Grund, warum wir uns hier am See treffen. Vor langer Zeit hat mir ein Mentor nämlich das Gesetz sehr anschaulich anhand eines Sees erklärt. Ich erzähle dir einfach mal diese Geschichte: Ein See kann sich in drei verschiedenen Stadien befinden. Entweder bleibt das Wasser auf einem konstanten Wasserpegel, der See verliert Wasser und wird kleiner oder der See gewinnt neues Wasser hinzu und wird größer.

Die meisten Seen haben einen Zufluss, der weiteres Wasser in den See spült, und einen Abfluss, aus dem wieder ein Teil des Wassers hinaus fließt. Daraus ergeben sich insgesamt drei mögliche alternative Situationen: Im ersten Fall ist der Wasserzufluss genauso groß wie der Wasserabfluss, im zweiten Fall ist der Wasserzufluss größer als der Wasserabfluss und im dritten Fall ist es genau umgekehrt. Rein von der Logik kann es nur diese drei Möglichkeiten geben. Von der physikalischen Seite her muss der See zwangsläufig schrumpfen, wenn mehr Wasser hinaus fließt, als neues wieder in den See dazukommt. Bis hierhin klar?»

«Ja, natürlich. Wenn mehr Wasser hinein fließt, wird der See größer. Andersherum wird er kleiner und bei gleichbleibendem Zu- und Abfluss ändert sich am Wasserstand nichts», antwortet Stefan ohne zu zögern.

Tobias erzählt weiter: «Das ist gut, dass du das verstehst. Jetzt tauschen wir den See durch dein Vermögen ein, den Zufluss durch dein Einkommen und den Abfluss durch deine Ausgaben. Bei einem See ist es einem von der Lebenswirklichkeit her sofort klar, welche Auswirkungen es hat, wenn mehr raus- als reinfließt. Beim Geld ist es den Menschen scheinbar nicht so klar oder sie setzen es einfach nicht um.

Bei jeder finanziell prekären Lage von Privatpersonen oder Unternehmen wurde gegen dieses eine Gesetz verstoßen: Du darfst niemals für längere Zeit mehr Geld ausgeben als einnehmen. Niemals, niemals, niemals! Dieses Gesetz ist universell und gilt für jede Finanzsituation. Wenn du 100.000 Euro im Monat verdienst, darfst du maximal 100.000 Euro ausgeben.

Wie hat es mein Mentor so schön auf den Punkt gebracht: ‚Du kannst einen Euro nur ein einziges Mal ausgeben.'

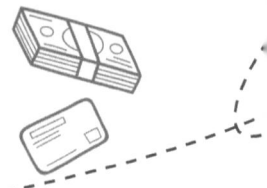

Das erste und wichtigste Gesetz lautet also:

‚Um dein Vermögen zu steigern, musst du jeden Monat die Ausgaben geringer halten als die Einnahmen.'

Tust du dies nicht, kannst du keinerlei Vermögen aufbauen und keine finanziellen Fortschritte erzielen. Das Geheimnis der Reichen ist also, dass sie regelmäßig einen Teil ihres Einkommens sparen und gut mit ihrem Geld haushalten.»

Stefan runzelt die Stirn und antwortet: «Es kann doch wohl nicht so einfach sein! Ich achte einfach nur darauf, nicht zu viel auszugeben, und werde dann automatisch vermögend? Da muss doch noch mehr dahinterstecken.»

«Ich hatte dir zu Anfang ja bereits gesagt, dass die Gesetze selbst Kinder verstehen können. Sie sind nicht besonders kompliziert, werden allerdings von den meisten Menschen bei der Finanzplanung nicht berücksichtigt. Es reicht natürlich nicht aus, jeden Monat 50 Euro auf das Sparkonto zur Seite zu legen. Du musst dich auch darauf fokussieren, dein Einkommen zu erhöhen und Gelder zu investieren.

Solange du allerdings nicht darauf achtest, deine Ausgaben niedriger als dein Einkommen zu halten, bringt dir auch das höchste Einkommen nichts. Du kennst bestimmt auch etliche Geschichten von Promis mit Millioneneinkommen, die trotzdem in die Insolvenz geschlittert sind. Diese Menschen haben das erste und wichtigste Gesetz des Reichtums missachtet: Die Ausgaben müssen kleiner als die Einnahmen sein und bewusst niedriger gehalten werden. Hast du die letzten Jahre denn darauf geachtet, die Ausgaben niedriger zu halten als die Einnahmen?», fragt Tobias.

Stefan schüttelt den Kopf und sagt: «Nein, das habe ich nicht. Ich war einfach froh darüber, wenn ich am Ende des Monats das Konto ausgeglichen hatte und nicht im Minus war. Die Ausgaben sind einfach zu hoch gewesen, sodass ich nichts sparen konnte.»

«Das hört sich für mich irgendwie ein bisschen nach einer Ausrede an. Die Ausgaben waren zu hoch und deshalb konntest du nichts sparen? Es war doch wohl eher so, dass du das Geld ausgegeben hast und dich nicht aufs Sparen oder einen vernünftigen Umgang mit deinem Geld fokussiert hast. Du musst die Verantwortung schon bei dir sehen, denn sonst kannst du an der Situation ja auch nichts verändern, und das wollen wir ja. Wahrscheinlich verstößt du, wie viele andere Menschen auch, gegen das zweite finanzielle Gesetz und meinst deswegen, dass du nichts sparen kannst.

Das zweite Gesetz lautet:

‚**Mache niemals Konsumschulden.**‘

In unserer Gesellschaft ist es mittlerweile ganz normal geworden, Schulden zu haben und Sachen, die man sich eigentlich nicht leisten kann, mit Krediten zu finanzieren.

Ein Grund dafür ist, dass Schulden allgemein nicht als etwas Schlimmes angesehen werden. Es scheint sogar für normale Menschen unmöglich zu sein, ohne Schulden zu leben, denn schließlich hat fast jeder Mensch Schulden. Doch woran liegt das?

Ich denke, der Hauptgrund ist, dass die Menschen meinen, der Konsum irgendwelcher Sachen würde sie glücklich machen und dafür sorgen, dass sie ein besseres Ansehen in der Gesellschaft haben. Wieso sonst sollte sich irgendjemand einen neuen Porsche oder ein anderes Luxusauto kaufen? Ein Porsche kostet das Zehnfache eines ‚normalen' Mittelklassewagens, aber du kannst damit nicht zehnmal so gut fahren oder hast zehnmal so bequeme Sitze. Der Hauptgrund für den Kauf eines Luxusautos ist der damit verbundene Status.

Die meisten haben natürlich nicht das nötigte Geld auf der hohen Kante und können einen Porsche nicht direkt komplett bezahlen. Trotzdem möchten viele Menschen gerne dieses Auto besitzen, sodass sie einen Kredit aufnehmen und damit das Auto finanzieren. Die Menschen möchten sich heutzutage am liebsten alle Wünsche sofort erfüllen und nicht mehr darauf warten müssen.

Die Wirtschaft, Banken, Leasinggesellschaften und Geschäfte haben diesen Umstand verstanden und nutzen das hemmungslos aus. So können mittlerweile fast alle Dinge, vom Urlaub über den neuen Fernseher und Einrichtungsgegenstände bis hin zur Hochzeit, über Schulden finanziert werden. Dadurch können die meisten Menschen nur über einen Bruchteil ihres Einkommens verfügen, weil der Großteil des Geldes dafür draufgeht, die Schulden und Zinsen zurückzuzahlen.

Wenn du jetzt Schulden aufnimmst oder etwas in Raten bezahlen willst, zwingst du dich damit, das Geld in der Zukunft zu zahlen. Das erzeugt enorm großen Druck, weil dadurch die monatlichen Ausgaben steigen und du womöglich gezwungen wirst, dein Einkommen zu steigern, wenn du deinen Lebensstil weiter führen willst wie bisher. Durch deine Entscheidung, für etwas einen Kredit aufzunehmen oder es in Raten zu bezahlen, schränkst du dich für die Zukunft ein.

Ein Zitat von Ambrose Gwinnett Bierce (Maier, 2015) bringt es gut auf den Punkt: «Schulden: ein genialer Ersatz für die Kette und Peitsche des Sklaventreibers.»

Ich habe keine Schulden und würde auch nie im Leben ein Auto auf Kredit kaufen», erklärt Tobias und schließt mit dieser Aussage seinen langen Monolog.

«Ja, du hast ja auch gut reden. Woher soll ich denn das Geld nehmen, um einfach so ein Auto komplett ohne Schulden kaufen zu können? Du kannst das doch auch nur, weil du viel Geld hast und nicht so sehr darüber nachdenken musst», antwortet Stefan etwas entrüstet.

«In gewisser Weise hast du natürlich recht. Je mehr Geld du besitzt, desto leichter ist es auch, auf Schulden zu verzichten.

Du kannst dir aber gar nicht vorstellen, wie viele Menschen mit einem sechsstelligen Einkommen nicht mal genug Geld für einen Urlaub auf dem Konto haben und das Konto sogar dafür überziehen müssen. Vom Auto brauchen wir da schon gar nicht sprechen.

Damit du Anschaffungen ohne die Aufnahme eines Kredits oder eines Ratenvertrags bewältigen kannst, musst du vorher einen Teil deines Einkommens zur Seite legen. Wenn du zum Beispiel alle fünf Jahre für 10.000 Euro ein Auto kaufst, musst du jeden Monat ungefähr 166 Euro zur Seite legen. Das ist zu Beginn natürlich besonders schwer, wenn du noch deinen Autokredit für das alte Auto und weitere Schulden abzahlen musst. Wenn du allerdings erst einmal schuldenfrei bist und auch keine Ratenkredite begleichen musst, kannst du locker jeden Monat etwas Geld für Anschaffungen auf ein Konto zurücklegen und auch zusätzlich Geld sparen.

Ich sage nicht, dass es zu Beginn leicht ist, schuldenfrei zu werden und nebenbei auch noch Rücklagen aufzubauen. Die Zinsen, die du auf deine Schulden zahlen musst, können schnell auch mal ein ganzes Monatsgehalt aufzehren und dir das Leben ziemlich schwer machen. Solange du Schulden hast, arbeitet die Zeit gegen dich und du musst mit jedem Monat, in dem du die Schulden nicht zurückgezahlt hast, mehr Zinsen zahlen.

Wenn du ein Vermögen besitzt und investierst, arbeitet die Zeit für dich und dein Vermögen wird durch Zinsen und andere Kapitalerträge immer größer. Durch die Missachtung der ersten beiden finanziellen Regeln hast du dich erst in diese schlechte finanzielle Situation gebracht. Niemand hat dich dazu gezwungen, Kredite aufzunehmen. Du schaffst das schon, da rauszukommen. Da bin ich sehr optimistisch», sagt Tobias und lächelt Stefan zuversichtlich an.

«Es ist schon ganz schön anstrengend, für alles selbst verantwortlich zu sein. Du hast aber schon recht, dass ich mich selbst in meine finanzielle Lage gebracht habe», antwortet Stefan und muss dabei schmunzeln. «Noch mal für mich zum Verständnis: Das Wichtigste ist, jeden Monat darauf zu achten, dass man weniger ausgibt als einnimmt, Rücklagen für die Zukunft bildet und Schulden auf jeden Fall vermeidet. Dadurch schafft man es dann, sein Vermögen zu mehren und finanziell voranzukommen. Aber wo soll ich anfangen und wie setze ich das um? Die Umsetzung klingt irgendwie auch ziemlich kompliziert.»

Tobias lacht und antwortet darauf: «Ja klar ist es schwer und kompliziert, wenn du es noch nie vorher versucht hast. Auch Fahrrad fahren ohne Stützräder war zu Anfang ziemlich schwer und doch konnten wir nach einer Weile problemlos fahren. Ich habe mittlerweile eine so gute Übersicht über meine Finanzen, dass ich quasi ganz ohne ‚Stützräder' aus dem Kopf heraus alles plane. Zu Beginn ist es allerdings sehr wertvoll, ein Haushaltsbuch zu führen und darin für mindestens mehrere Monate, noch besser wäre ein Jahr, alle Einnahmen und Ausgaben zu erfassen und einen schriftlichen Finanzplan auszuarbeiten. Darin kann ich festhalten, wann ich voraussichtlich welche Ausgaben haben werde und wie viel Geld ich dafür zurücklegen muss. Den meisten Menschen ist gar nicht bewusst, wofür sie ihr Geld eigentlich ausgeben und wie hoch die Ausgaben ganz genau sind. Ich könnte dir dagegen alle meine Ausgaben auf den Euro genau aus dem Kopf heraus sagen.

Der Fokus sollte bei dir zu Beginn darauf liegen, herauszufinden, wofür du dein Geld ausgibst und wie du jeden Monat etwas Geld sparen kannst, um damit deine Schulden zu begleichen. Zu Beginn wird dir das eventuell schwerfallen, aber es wird mit der Zeit und der Gewöhnung immer leichter werden. Irgendwann in der Zukunft wirst du es dir gar nicht mehr vorstellen können, dass du mal einen großen Teil deines Geldes für Schulden ausgegeben und keine Finanzplanung durchgeführt hast.»

Stefan antwortet darauf ganz ehrlich: «Das kann ich mir irgendwie noch nicht richtig vorstellen, dass das für mich mal irgendwann ganz normal ist. Ich werde auf jeden Fall jetzt mal anfangen, meine Einnahmen und Ausgaben aufzuschreiben. Bald ist der Monat vorbei, dann kann ich direkt zum neuen Monat anfangen. Was ist denn mit dem dritten Gesetz? Du meintest doch, dass es drei Gesetze für Reichtum gibt.»

«Oh, du passt auf, sehr gut», antwortet Tobias mit einem Grinsen auf den Lippen.

«Das dritte Gesetz baut auf den vorherigen Gesetzen auf und kann erst sinnvoll umgesetzt werden, wenn du schuldenfrei bist. Es lautet:

‚Investiere einen prozentualen Anteil deines Einkommens.'

Um wirklich ein Vermögen aufzubauen, musst du einen Teil deines Einkommens nehmen und es investieren. Wie bereits erwähnt, hat keiner der reichen Menschen sein Geld nur auf dem Konto rumliegen, sondern investiert es in wertsteigernde Dinge wie Aktien oder Immobilien. Am besten wird ein Dauerauftrag eingerichtet und dadurch gleich zu Beginn des Monats bei Gehaltseingang der festgelegte Betrag automatisch vom Konto abgezogen.

Die meisten begehen nämlich den Fehler und sparen das, was am Ende des Monats übrigbleibt. Diese Menschen werden allerdings niemals wirkliches Vermögen aufbauen können, weil am Ende des Monats das Geld in der Regel komplett ausgegeben ist oder, unter Missachtung von Regel Nummer zwei, sogar Schulden aufgenommen wurden», erklärt Tobias weiter.

Stefan antwortet daraufhin: «Die drei Regeln sind eigentlich ziemlich einfach und leicht verständlich. Ich frage mich daher, warum sie einem nicht bereits in der Schule beigebracht oder von mehr erwachsenen Menschen beachtet werden. Eigentlich ist es ja nicht schwer, etwas mehr auf die Ausgaben zu achten oder einen Teil seines Geldes zu investieren.»

Wie aus der Pistole geschossen antwortet Tobias: «Weil das

Wissen total überbewertet wird. Jeder Mensch weiß, wie du Gewicht verlierst. Du musst mehr Kalorien verbrennen, als du zu dir nimmst. Du solltest dauerhaft deine Ernährung auf eine gesunde Weise umstellen und Sport treiben und dann purzeln die Pfunde ganz automatisch. Trotzdem muss dieses Wissen in die Praxis umgesetzt werden. Nur etwas über Reichtum, Ernährung oder Fitness zu wissen, bringt dich im Leben nicht einen einzigen Schritt voran. Im Geldbereich kommt noch erschwerend hinzu, dass es sehr viele negative Glaubenssätze gibt, die einen innerlich davon abhalten, wirkliche Fortschritte zu erzielen. Du wirst in den nächsten Wochen und Monaten noch mehrere Male am eigenen Leib spüren, wie es ist, mit den eigenen Glaubenssätzen konfrontiert zu werden.

Wissenstechnisch weißt du jetzt eigentlich schon alles Wichtige, um Vermögen aufzubauen. Dazu werde ich dir in Zukunft auch nichts mehr beibringen. Wenn es nur um das reine Wissen an sich ginge, könnten wir jetzt sofort mit dem Coaching aufhören.

Warum einem das Ganze nicht in der Schule beigebracht wird, kann ich dir auch klar beantworten: Lehrer können letzten Endes nur das beibringen, was sie auch selbst leben und umsetzen. Da die meisten Lehrer sich, wie der Großteil der Bevölkerung, nicht mit den eigenen Finanzen auseinandersetzen und das Thema vom Großteil der Bevölkerung auch nicht als wichtig angesehen wird, lernen Schüler davon nichts in der Schule. Wir hatten uns ja auch bei unserer ersten Begegnung darüber unterhalten, warum Geld eigentlich wichtig ist, und ohne diese Erkenntnis hättest du ja auch überhaupt kein Coaching von mir gewollt. Mit der ‚Geld ist nicht wichtig-Einstellung' besteht kein Interesse daran, etwas über Geld zu erfahren. Verständlich?»

«Ja», antwortet Stefan. In seinem Leben war ihm Geld bisher nicht wichtig und daher hätte er sich auch mit diesem Wissen nicht um sein Geld gekümmert.

«Ich denke, da hast du wieder einiges an Informationen zu verdauen und auch eine schöne Hausaufgabe mit dem Haushaltsbuch. Lass uns dann wieder in einem Monat treffen, wenn du deinen Fokus auf deine Finanzen gelegt und erste Veränderungen initiiert hast», schlägt Tobias Stefan vor.

«Das hört sich wirklich nach einer guten Idee an», erwidert Stefan.

Sie verabschieden sich und Stefan bleibt noch ein wenig auf der Bank am See sitzen, um über die heutige Lektion nachzudenken. «Eigentlich ist das ganz einfach, mit dem Geld gut umzugehen und ein Vermögen aufzubauen», denkt er sich, während er die Enten auf dem Teich näher beobachtet. Nach ein paar Minuten begibt er sich auf den Weg in die Stadt, um sich ein Notizbuch zu kaufen und mit der Umsetzung zu beginnen.

Der Möglichkeitsblick

Den letzten Monat über hat Stefan ganz penibel alle seine Ausgaben und Einnahmen aufgeschrieben und überlegt, wo er Sparpotenziale hat. Vor knapp einer Woche hat Tobias ihm dann die Nachricht zukommen lassen, dass sie sich diesen Samstagvormittag in einem Eiscafé in der Stadt treffen würden.

Als Stefan ankommt, sitzt Tobias bereits an einem Tisch in einer Ecke und hat einen Eisbecher vor sich stehen. Stefan setzt sich nach der Begrüßung zu ihm und bestellt sich auch einen Eisbecher. Tobias bittet Stefan, von seinen Erfahrungen des letzten Monats zu berichten. Dieser Bitte kommt Stefan nur zu gerne nach: «Du hattest wirklich recht mit dem, was du beim letzten Mal gesagt hast. Ich wusste gar nicht so genau, wo mein Geld überhaupt hingeht, und habe erst mal bemerkt, dass ich noch eine alte Mitgliedschaft in einem Sportverein hatte, bei dem ich eigentlich schon seit Jahren nicht mehr war und auch in Zukunft nicht mehr vorhabe hinzugehen. Die habe ich gekündigt und dadurch schon mal etwas mehr Geld jeden Monat übrig.

Zudem habe ich bemerkt, dass ich im letzten Monat ziemlich viel Geld für Kleinkram ausgegeben habe. Hier mal einen Kaffee und da mal eine Kleinigkeit unterwegs. Das summiert sich wirklich mit der Zeit. In der Summe konnte ich durch den Verzicht auf verschiedene Dinge und bewussteres Einkaufen im letzten Monat knapp 350 Euro sparen. Dadurch konnte ich den Dispokredit ausgleichen und zum ersten Mal seit Langem hatte ich wieder ein Guthaben auf dem Konto.»

Tobias freut sich sichtlich über diese Nachrichten seines Schützlings: «Das hört sich doch für den Anfang ziemlich gut an. Viele haben am Ende des Monats kein Plus auf dem Konto und können auch nichts sparen. Das sind wirklich gute Fortschritte für dich.»

Stefan entgegnet: «Ja, ich freue mich auch wirklich darüber, dass ich das Konto schon mal ausgleichen konnte. Mir ist in diesem Monat allerdings wieder mal bewusst geworden, dass ich beim Sparen schon auf ganz schön viele Dinge verzichten muss, und das möchte ich eigentlich nicht. Ich möchte mich nicht so einschränken müssen.»

Tobias lächelt Stefan an und sagt: «Ich hatte mir schon fast gedacht, dass du dieses Thema irgendwann ansprechen würdest. Es ist ein sehr hinderlicher Glaubenssatz, dass Sparen Verzicht bedeutet. Dann empfinden wir nämlich Sparen als etwas Unangenehmes und sparen nicht gerne. Schließlich ist der Mensch darauf gepolt, Schmerzen zu vermeiden und Glücksgefühle zu erleben. Solange wir das Sparen als Verzicht empfinden, werden wir finanziell kaum oder nur unter Schmerzen vorankommen, und das wollen wir ja nicht.

Das größte Problem der Menschen ist, dass sie auf eine bestimmte Art und Weise handeln, weil sie denken, nicht anders handeln zu können, oder die eigenen Prioritäten nicht richtig geklärt sind. Ich möchte dir dafür mal ein Beispiel geben: Du hast dir vorhin ja einen Schokoladeneisbecher anstatt eines Bananeneisbechers bestellt. Fällt es dir gerade schwer, auf den Bananenbecher zu verzichten?»

«Sehr witzig. Wie soll ich denn auf den Bananenbecher verzichten, wenn ich diesen gar nicht mag und Schokolade mein Lieblingseis ist?», antwortet Stefan etwas verwirrt über Tobias komisches Beispiel.

«Interessant. Es fällt dir also überhaupt nicht schwer, auf Dinge zu verzichten, die dir gar nicht oder zumindest weniger wichtig sind. Eigentlich entscheidest du dich hier im Eiscafé gleichzeitig **für** den Schokoladen- und damit auch indirekt **gegen** jeden anderen Becher. Du musst einfach für dich erkennen, dass jede Entscheidung immer zwei Seiten hat. Wenn du dich für etwas entscheidest, wählst du gleichzeitig auch mögliche Alternativen ab. Das ist bei jeder Entscheidung so.

Das Gefühl, eine falsche Entscheidung getroffen und auf

etwas verzichtet zu haben, hast du, wenn dir deine Prioritäten nicht klar sind oder du dich vermeintlich für das Falsche entscheiden musst. Wenn du dich also für den Bananenbecher entscheidest, obwohl du viel lieber den Schokoladenbecher hättest», erklärt Tobias und zeigt abwechselnd auf den eigenen und den Eisbecher von Stefan.

Stefan unterbricht Tobias und fragt etwas entnervt: «Mir ist schon klar, warum ich lieber Schokoladeneis mag, aber was hat das mit dem Sparen zu tun? Wenn ich mein Geld nicht für die vielen angenehmen Dinge ausgeben darf, ist das doch ein Verzicht.»

Tobias fährt fort und sagt: «Du hast mit deinem Geld immer zwei Alternativen: Entweder gibst du es jetzt für irgendetwas aus oder sparst es. Bei dir scheint das Denken noch zu sehr auf den Verzicht fokussiert zu sein, weil du noch keine genauen Ziele und Motive zum Sparen hast. Mir bereitet Sparen unglaublich viel Spaß. Ich spare mein Geld viel lieber, weil ich dadurch Investitionen tätigen kann, die für ein höheres Einkommen in der Zukunft sorgen und mir ermöglichen, meine Zeit komplett frei einzuteilen.

Zudem kann ich dadurch meinem Sohn später eine erstklassige Ausbildung ermöglichen und Kindern in armen Ländern den Zugang zu Bildung und dadurch eine bessere Zukunft ermöglichen. Mir ist es daher auch wichtiger, einen großen Teil meines Geldes zu sparen, anstatt es auszugeben. Die Motive hinter dem Geld sparen sind bei jedem Menschen unterschiedlich und ganz individuell.

Es ist ein riesiger Unterschied, ob du Geld sparst, weil du meinst, es zu müssen und von den Schulden dazu gezwungen wirst, oder ob du aus innerem Antrieb auf ein bestimmtes Ziel hin sparst.

Im ersten Fall wirst du dich beim Sparen schlecht fühlen und es nur sehr kurz aufrechterhalten können. Im zweiten Fall wirst du hingegen versuchen, Wege zu finden, noch mehr zu sparen, weil dich das Sparen deinen Zielen näherbringt und dann auch Spaß macht. Wir müssen also deinen Fokus ändern und auf bestimmte Ziele lenken.

Wofür lohnt es sich deiner Meinung nach zu sparen? Es gibt dabei auch überhaupt kein Richtig oder Falsch. Nur das, was zu dir und deinen Werten und Zielen passt.»

Stefan muss kurz darüber nachdenken. Aus diesem Blickwinkel hat er das Ganze noch überhaupt nicht betrachtet. Nach einer kurzen Denkpause antwortet Stefan noch eher zögerlich: «Ich glaube, aus meiner Sicht würde es sich lohnen, für eine Reise zu sparen. Also mal längere Zeit in der Karibik herumzureisen und die Kultur dort noch näher kennenzulernen. Was denkst du darüber?»

Tobias antwortet: «Das hört sich nach einem sehr guten Ziel an. Letzten Endes kannst du nur selbst beurteilen, ob es ein gutes oder schlechtes Ziel ist. Es ist schließlich dein Leben und nicht meins. Eine Sache habe ich noch vergessen zu erklären: Beim Sparen gibt es zwei unterschiedliche Formen und dafür brauchst du auch unterschiedliche Motivationen.

Die erste Form ist, Geld anzusparen, um es dann für irgendetwas, wie zum Beispiel eine Reise, auszugeben. Bei der zweiten Form des Sparens wird Geld zur Seite gelegt, um es dann zu investieren und langfristig ein Vermögen aufzubauen. Was könnte hier deine Motivation sein, Geld zu sparen?»

Stefan denkt noch länger als bei Tobias erster Frage nach und antwortet dann: «Es tut mir leid, aber irgendwie weiß ich gerade nicht, was das für ein Ziel sein könnte. Könntest du mir auf die Sprünge helfen?»

«Ja, klar. Ich kann dir ein paar Ideen geben, aber du musst dann selbst für dich entscheiden, ob die Ziele und Motive für dich passen. Viele haben zum Beispiel das Ziel, dass sie irgendwann von den Erträgen ihres Vermögens leben können und dann keiner normalen Arbeit mehr nachgehen müssen. Die Arbeit wird für sie also optional und sie können ohne Gelddruck den Aktivitäten nachgehen, die ihnen wirklich wichtig sind. Oder ein anderes Motiv könnte sein, dass du ohne Arbeit die ganze Zeit um die Welt reisen und ferne Kulturen erkunden kannst. Manche motiviert es auch, der Nachwelt ein Vermögen zu hinterlassen und mithilfe einer Stiftung auch nach dem Tod noch etwas Positives bewirken zu können.

Du solltest einfach die nächsten Wochen noch mal tief in dich gehen und überlegen, was deine Motive sind und wo du im Leben hinwillst. Wenn deine Motivation geklärt ist und du ganz genau weißt, wo du irgendwann hinwillst, wirst du auch Wege dorthin finden und bereit sein, Geld dafür zu sparen.

Jetzt weißt du vielleicht auch, warum die meisten Menschen ihre Ziele nicht erreichen und Wissen alleine nicht ausreicht. Die Menschen wissen eigentlich nicht genau, wofür sie sparen wollen, und ihre Motivation ist nicht stark genug. Es gibt immer in irgendeiner Form Rückschläge und Probleme, die überwunden werden müssen. Wenn du keine starke Motivation für den Vermögensaufbau hast, wirst du entweder gar nicht erst damit anfangen oder irgendwann aufgeben und versuchen, die Erfolgreichen niederzumachen», erklärt Tobias.

«Nicht mehr arbeiten zu müssen und seine Arbeit ganz frei aussuchen zu können, wäre wirklich schon ein großer Traum. Wenn ich nicht auf das Geld aus meiner Arbeit angewiesen wäre, würde ich bereits morgen kündigen und meine Zeit sinnvoller verwenden. Der Chef nervt ohne Ende und mein Job ist nach den ganzen Jahren auch ziemlich langweilig geworden. Ich tue jeden Tag die gleichen Dinge und habe keine besonders große Abwechslung oder Herausforderung. Das könnte für mich ein wirklich guter Motivator sein. Ich spare und bringe meine Finanzen in Ordnung, damit ich freier meine Arbeit aussuchen kann oder gar nicht mehr arbeiten muss», antwortet Stefan und muss bei dem Gedanken an die Kündigung ganz automatisch lächeln.

Tobias sieht Stefans breites Lächeln und sagt: «Ich sehe schon, dass das für dich eine gute Motivation ist. Jetzt wird es dir im nächsten Monat wahrscheinlich deutlich leichter fallen, Geld zu sparen und Kaufentscheidungen entspannt zu treffen. Es ist leichter, auf den Kaffee unterwegs zu ‚verzichten', wenn du dafür schneller deinen Job kündigen kannst. Schließlich ist es dann kein echter Verzicht mehr.

Ich hatte dir zuvor ja bereits gesagt, dass es nur zwei Motive zu handeln gibt: Entweder willst du Schmerz vermeiden und daher aus einer unangenehmen Situation wie deinem Job herauskommen oder du möchtest Glück erleben und dafür irgendwo in deinem Leben hin. Zum Beispiel auf eine Reise durch die Karibik. Wichtig ist, dass du sowohl eine Weg-von- als auch eine Hin-zu-Motivation hast.

Auf der einen Seite ist es sehr motivierend, zu wissen, was du im Leben nicht mehr möchtest. Meistens bringt genau das einen nämlich ins Handeln: Wenn der Schmerz zu groß wird und du diesen nicht mehr hinnehmen möchtest. Dran bleiben die meisten langfristig allerdings nur, wenn sie auch genau wissen, wo sie im Leben hinwollen.

Du solltest dir daher in nächster Zeit häufiger folgende Fragen stellen: Was möchte ich in meinem Leben nicht mehr haben? Was ist mir unangenehm oder macht mir keinen Spaß? Wie würde mein Traumleben aussehen? Wo würde ich leben und wie sähe mein Tagesablauf aus? Mit wem würde ich meine Zeit verbringen und auf welche Weise möchte ich mein Geld verdienen?

Je klarer die Vision von deinem neuen Leben ist und je mehr dir bewusst ist, was du alles nicht mehr in deinem Leben haben willst, desto stärker wird auch deine Motivation sein. Hast du ein klares Bild von deinem Traumleben?»

Tobias schweigt daraufhin und isst genüsslich sein Eis. Er lässt Stefan die Zeit, die ganzen Informationen und Fragen sacken zu lassen, und wartet geduldig auf eine Antwort. Man sieht Stefan an, dass sein Gehirn auf Hochtouren arbeitet.

Nach ein paar Minuten des Schweigens sagt Stefan: «Ich habe wirklich überhaupt keine Ahnung. Ehrlich gesagt, habe ich darüber bisher nicht so intensiv nachgedacht. Ganz im Gegenteil: Ich habe bisher überhaupt nicht darüber nachgedacht. Schließlich hat mir bisher auch noch niemand solche Fragen gestellt.

Ich glaube, mein Fokus und der von den meisten meiner Kollegen liegt viel eher nur auf dem, was gerade schlecht läuft und was alles nicht geht. Bisher habe ich auch nicht so stark daran geglaubt, dass Veränderung möglich ist und ich darauf großen Einfluss hätte. In den nächsten Wochen muss ich noch mal intensiver darüber nachdenken, wie mein Traumleben aussehen könnte.

Ich habe aber noch eine andere Frage zum Sparen. In gewisser Weise muss ich doch auf Dinge verzichten, wenn sie viel zu teuer sind und ich sie mir nicht leisten kann. Wenn also mein Einkommen viel zu klein ist und ich das Geld auch nicht zusammensparen könnte. Zum Beispiel die Reise auf einer eigenen Yacht.»

Tobias schaut Stefan direkt an und sagt streng: «Das will ich von dir nie wieder hören. Die Aussage ‚Ich kann mir das nicht leisten' ist meistens eine selbsterfüllende Prophezeiung und sorgt dafür, dass das auch so bleibt und du es dir wirklich nie leisten können wirst.

Vor vielen Jahren war ich noch pleite und hatte überhaupt kein Geld. Ich hatte schon als kleines Kind den Traum, irgendwann mal Ferrari zu fahren, doch ich war der Meinung, dass ich mir das nicht leisten konnte. Mein erster Mentor hat mir dann beigebracht, dass ich mir in Momenten des Zweifelns eine andere Frage stellen sollte: Wie kann ich mir das leisten?

Diese Frage fördert die Kreativität und hilft dabei, das gewünschte Ziel zu erreichen. Innerhalb von einem einzigen Monat habe ich es geschafft, das erste Mal in meinem Leben Ferrari zu fahren. Ich hatte mich in meiner Stadt danach erkundigt, was es kostet, einen Ferrari für eine halbe Stunde zu mieten, und habe dann einen Monat lang mein Geld dafür gespart.

Hätte ich damals weiter daran geglaubt, dass ich mir das nicht leisten kann, wäre ich noch nie in meinem Leben Ferrari gefahren. Ich wäre niemals losgegangen und hätte auch nicht versucht, einen Weg zu finden, meinen Traum Wirklichkeit werden zu lassen. Die Fahrt hat mich dann auch motiviert, weiterhin am Ball zu bleiben, um das in der Zukunft häufiger erleben zu können. Auch heute habe ich noch keinen Ferrari, aber ich könnte es mir leisten.»

Stefan runzelt die Stirn und fragt: «Wie meinst du das? Du hast keinen Ferrari? Als du zu mir ins Reisebüro gekommen bist, hattest du doch einen Ferrari? Wirst du schon langsam vergesslich?»

«Manchmal ist es nicht so, wie es von außen aussieht. Ein Freund von mir ist für ein halbes Jahr auf Weltreise und er hat mir seinen Ferrari für diese Zeit geliehen. Ich würde mir selbst kein so teures Auto kaufen, weil es viel Geld im Unterhalt kostet und einen extremen Wertverlust hat. Trotzdem fahre ich gerne teure Autos und ergreife die Möglichkeit, wenn sie sich mir bietet. Noch bin ich allerdings nicht dazu bereit, mehrere tausend Euro pro Monat für ein Auto auszugeben», erzählt Tobias mit einem Lächeln im Gesicht.

«Ja, du hast es dann ja leicht gehabt mit dem Ferrari. Ich kann dagegen nicht so einfach mal eine Yacht ausleihen und damit durch die Karibik cruisen. Das wäre viel zu teuer. Es ändert sich also nichts daran, wenn ich nur daran glaube, ich könnte es mir jetzt leisten», sagt Stefan entnervt zu Tobias.

Tobias bricht bei Stefans Aussage in schallendes Gelächter aus. Als er sich beruhigt hat, antwortet er in mitleidigem Ton:

«Oh, der arme Stefan hat es so schwer und dem Tobias fliegt alles zu. Diese Glaubenssätze sind schon ziemlich gemein und hartnäckig. Solange du daran glaubst, dass die anderen nur Glück haben und du dir etwas nicht leisten kannst, wird es auch so bleiben. Diese über Jahrzehnte gefestigten Glaubenssätze lösen sich auch nicht von heute auf morgen komplett in Luft auf. Es ist also vollkommen normal, dass sie zwischendurch hochkommen und dich zurückhalten wollen.

Neben der Miete einer Yacht gibt es ja auch noch mindestens tausend andere Möglichkeiten, wie du auf eine Yacht kommen kannst und eventuell sogar dafür bezahlt wirst. So gibt es zum Beispiel die Möglichkeit, auf einer Yacht zu arbeiten und so den gleichen Luxus genießen zu können. Du musst nur wissen, wo es solche Jobs gibt und wie du daran kommst.

Das große Problem bei dir ist, dass du noch nicht den Möglichkeitsblick hast. Wenn du den Fokus die ganzen Jahre darauf gelegt hast, warum etwas nicht geht, dann fällt es dir natürlich sehr schwer, solche Möglichkeiten und Gelegenheiten zu sehen. Mit den Jahren wird dein Möglichkeitsblick deutlich stärker werden und du siehst überall Chancen und Geschäftsmöglichkeiten.

Ich habe heute eigentlich fast täglich Geschäftsideen, wie ich nebenbei 1.000 Euro im Monat verdienen könnte, aber habe nicht genügend Zeit oder Lust für die Umsetzung. Vor zehn Jahren hatte ich überhaupt keine Ideen, weil ich einfach keine Übung darin hatte.»

«Interessant! Auf die Möglichkeit, auf einer Yacht zu arbeiten, bin ich noch überhaupt nicht gekommen. Irgendwie hört sich das logisch an mit dem Möglichkeitsblick. Ich kann nicht in etwas gut sein, wenn ich es nicht oder kaum trainiert habe. In der Vergangenheit lag mein Fokus wirklich nicht darauf, wie ich meine Ziele und Träume verwirklichen kann», sagt Stefan und schaut nachdenklich auf seinen Eisbecher.

Tobias nimmt einen Zettel aus seiner Jackentasche und schreibt geheimnistuerisch etwas drauf. Als er fertig ist, faltet er den Zettel und reicht ihn Stefan mit den Worten: «Ich denke, für heute haben wir genug geredet und sind gut vorangekommen. Auf den Zettel habe ich die Hausaufgaben für den nächsten

Monat geschrieben. Lies den Zettel aber erst, wenn ich schon weg bin. Sonst beschwerst du dich noch bei mir oder willst schon die Lösung haben.» Er lächelt Stefan mit großer Begeisterung an und fügt noch hinzu: «Ich bin mal gespannt, wie gut du die Aufgaben löst. Wir fahren auch erst fort, wenn du alles darauf erledigt hast.»

Als Stefan das Eiscafé verlassen hat, öffnet er den Zettel und fängt an, die drei Punkte zu lesen:

1. Jeden Abend vor dem Schlafen aufschreiben, wie das Traumleben aussehen soll.
2. 5 Wege herausfinden, mit einem Prominenten wie Günther Jauch zu reden.
3. Umsetzung: Einem Promi persönlich eine Reise anbieten.

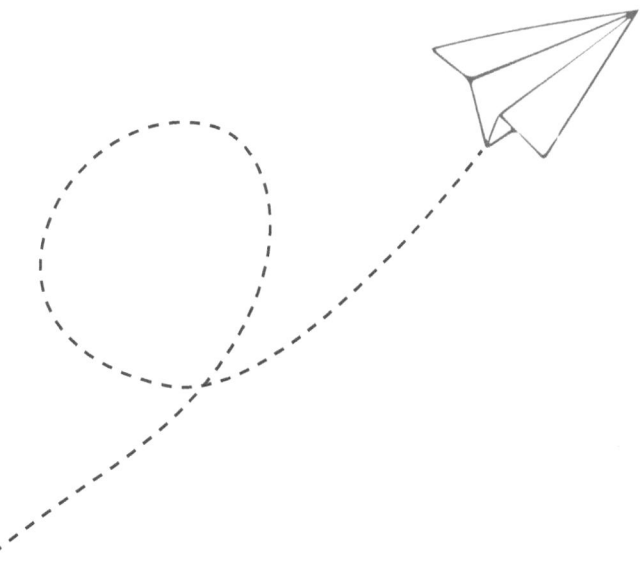

Das Promitelefonat

«Du Idiot. Was sollte denn das mit dem Anrufen des Promis?», sagt Stefan zu Tobias, als er am heutigen Treffpunkt erscheint. Seit dem letzten Treffen, bei dem Tobias ihm den Zettel mit den Aufgaben übergeben hatte, ist knapp ein Monat vergangen.

Vollkommen unberührt von Stefans Wutausbruch antwortet Tobias: «Ich wünsche dir auch einen schönen guten Morgen. Jetzt bin ich aber mal gespannt. Mit welchem Promi hast du denn telefoniert?»

Immer noch wütend antwortet Stefan: «Mit diesem Schauspieler aus dem Tatort. Habe gerade wieder den Namen vergessen. Aber jetzt sag mal, was das eigentlich sollte.»

Tobias muss bei Stefans Wutanfall einfach nur grinsen. Er erklärt: «Wir hatten ja beim letzten Mal darüber gesprochen, dass eine wichtige Erfolgseigenschaft der Möglichkeitsblick ist. Das bedeutet, seinen Fokus darauf zu legen, einen Weg zu finden und Möglichkeiten zu erkennen. Durch diese Aufgabe wollte ich dich ein bisschen herausfordern und deinen Möglichkeitsblick schulen. Inspiriert ist die Aufgabe durch einen Vortrag von Timothy Ferriss, den dieser an einer großen Universität gehalten hat. Er hatte als Gewinn einen Urlaub versprochen, wenn es jemand von den Studenten schafft, mit einem Promi zu telefonieren. Interessanterweise hat es beim ersten Mal von über tausend Studenten kein einziger geschafft, weil sie es für unmöglich hielten und es daher gar nicht erst versuchten.

Bei seinem zweiten Vortrag hat er davon erzählt, dass es beim ersten Mal noch nicht mal einer versucht und deshalb auch keiner die Reise gewonnen hatte. Dieses Mal schafften es etliche der Studenten, weil sie zumindest schon mal daran glaubten, dass es möglich ist, und es dann auch versuchten. Das ist so ein bisschen der Hintergrund. Was war denn dein erster Gedanke, als du die Aufgabe gelesen hast?»

Etwas ruhiger antwortet Stefan: «Ich habe mir zuerst gedacht, dass du jetzt spinnst. Schließlich ist es unmöglich, einfach so einen Promi anzurufen. Jetzt verstehe ich aber schon, worauf du hinauswillst. Zu Beginn habe ich andauernd nur darüber nachgedacht, warum ich das nicht hinkriegen werde und was für Hürden mir alles im Weg stehen. Du hattest mich ja quasi dazu gezwungen, irgendwie einen Weg zu finden, und nach ein paar Tagen hatte ich dann die ersten Ideen, wie ich es anstellen könnte.

Je mehr Wege mir einfielen, desto mehr glaubte ich auch daran, dass es klappen kann. Zum Beispiel könnte ich Kontakt über eine Agentur, die Angestellten oder regelmäßige Aufenthaltsorte der Promis wie Restaurants oder Bars herstellen. Hinterher hat es über eine Bekannte beim Fernsehen, die teilweise die Assistenten der Schauspieler kennt, geklappt.»

«Siehst du. Es geht doch. Ich hoffe, du behältst diese Geschichte in deinem Kopf und denkst das nächste Mal daran, wenn du der Meinung bist, etwas sei unmöglich oder du könntest dir etwas nicht leisten. Das war schließlich beim letzten Mal unser Ausgangspunkt. Hast du auch über dein Traumleben und die Dinge, die du nicht mehr willst, nachgedacht?», fragt Tobias.

Stefan kramt in seiner Tasche und holt einen großen Stapel an beschriebenen Zetteln heraus. Während er sich die einzelnen Zettel anschaut, sagt er mit einem Grinsen im Gesicht: «Joa, ich habe etwas darüber nachgedacht und ein bisschen was aufgeschrieben.»

Mit großer Begeisterung erzählt er weiter: «Ich möchte einen neuen Job haben, bei dem ich die Wintermonate nicht im kalten Deutschland verbringen muss. Am liebsten würde ich in der Zeit in der Karibik sein und von dort aus arbeiten oder mich im Urlaub entspannen. Dazu müsste ich entweder genug Vermögen haben, um von den Erträgen zu leben oder irgendwie ortsunabhängig von der ganzen Welt aus arbeiten können.

Mein kurzfristiges Ziel ist es also, durch eine andere Arbeit mehr reisen zu können und langfristig gar nicht mehr auf eine

Arbeit angewiesen zu sein. Mir macht zum Beispiel die Reiseplanung unglaublich viel Spaß und ich würde gerne besondere Karibikreisen planen, so wie ich das im Moment für dich tue. Auf Dauer in meinem Job zu bleiben, ist keine Option mehr.»

Tobias erwidert mit ähnlicher Begeisterung: «Es freut mich wirklich sehr, dass du nun deine Ziele kennst und auch ganz genau weißt, warum du einen Teil deines Geldes sparen und investieren willst. Das ist mit großem Abstand der wichtigste Punkt und ich hätte mit dir ohne, dass du dir darüber klar bist, auch nicht weitergearbeitet. Die Ziele mit einem starken Warum und einer außerordentlich hohen Motivation dahinter sind die Voraussetzung für jeden größeren Erfolg. Die nächste Zeit wirst du sehr wahrscheinlich viele Veränderungen und auch Rückschläge erleben. Wenn du dann nicht motiviert bist, wirst du sofort aufgeben.»

«Jetzt verstehe ich auch langsam, warum ich vorher geglaubt habe, Geld sparen muss in jedem Fall Verzicht bedeuten. Mein Ziel war mir noch nicht klar genug und ich hatte keinen großen Antrieb. Jetzt bin ich aber hoch motiviert und habe schon fleißig deine Hinweise umgesetzt. Ich habe in den letzten Wochen darüber nachgedacht, wie ich mein Ziel schneller umsetzen und erreichen kann. Dazu habe ich mir eine Übersicht über meine Schulden und Ausgaben verschafft. Also insgesamt über meine finanzielle Situation. Je weniger Einkommen ich für meine Reisen benötige, desto schneller erreiche ich mein Ziel. Das kann ich erreichen, indem ich die Ausgaben drastisch kürze und meine Schulden zurückzahle. Dann habe ich schließlich keine Zinsen und keine Tilgung mehr zu zahlen.

Ein großes Hindernis war mein eigenes Auto. Mit Benzin, Versicherungen, Steuer und den Ratenzahlungen frisst es einen großen Teil meines Einkommens auf. Deshalb habe ich mich dafür entschieden, das Auto zu verkaufen und auf öffentliche Verkehrsmittel umzusteigen», erzählt Stefan.

Tobias antwortet: «Super. Wirklich sehr gut, was du in die

Wege geleitet hast! Vielleicht erkennst du jetzt ja auch die Parallele, warum die meisten Menschen es nicht schaffen abzunehmen. Sie zwingen sich dazu, einer Diät zu folgen, obwohl sie innerlich gar keinen Antrieb haben und es als einen Verzicht ansehen. Ich hätte dir ja auch beim ersten Treffen sagen können, in welchen Bereichen du überall weniger Geld ausgeben und welche Ausgaben du einschränken sollst. Dann hättest du das allerdings keine zwei Monate ausgehalten. Besonders wenn ich dich dazu ‚gezwungen' hätte, dein Auto zu verkaufen und auf öffentliche Verkehrsmittel umzusteigen. Damit hätte ich dich bestimmt vertrieben. Deswegen werde ich dir in Zukunft auch nie sagen, was du zu tun oder zu lassen hast. Es sind alles deine eigenen Entscheidungen und du musst diese alleine treffen. Ich kann dir höchstens Informationen geben und dich auf deinem Weg unterstützen.»

«Ja, ich kenne auch so einige Kollegen und Bekannte, die jedes Jahr die unterschiedlichsten Diäten ausprobieren und nach wenigen Wochen oder Monaten wieder abbrechen. Die Parallele ist wirklich kaum zu übersehen.

Ich würde noch mal wirklich gerne deinen Rat in Anspruch nehmen. Bereits seit vielen Jahren bin ich im Kegelclub und danach ist es Tradition, noch in ein Restaurant zu gehen und viel Geld für Essen und Alkohol auszugeben. Diesen Monat habe ich das wegen des Geldes abgelehnt und habe direkt den Vorwurf bekommen, dass ich doch nicht so ein Geizkragen sein sollte.

Ich bin dann hart geblieben und nicht mehr mit ihnen mitgegangen. Trotzdem hatte ich irgendwie die nächsten Tage ständig ein schlechtes Gewissen, weil ich dachte, dass ich nicht hätte ablehnen sollen. Schließlich möchte ich bei den anderen auch nicht als Geizkragen dastehen. Wie soll ich damit umgehen oder was hättest du an meiner Stelle getan?», fragt Stefan.

Nach kurzer Denkpause sagt Tobias: «Hm Dir sollte zuallererst bewusst sein, dass du für dein Geld arbeiten gehst und daher auch zu 100 Prozent selbst darüber entscheiden darfst, wofür es ausgegeben wird. Du lässt dir doch bestimmt auch nicht von anderen Menschen vorschreiben, wohin du in den Urlaub fährst.

Das Schwierige hierbei ist, dass die Menschen ganz unterschiedliche Wertevorstellungen haben und ihnen andere Dinge wichtig sind. Deshalb sehen sie dein Verhalten eventuell als geizig an, weil sie an dieser Stelle nicht sparen würden. Sie sehen keinen Sinn darin, für diese Sache kein Geld auszugeben und würden das Sparen beim essen gehen sogar als einen Verzicht ansehen. Die meisten Menschen haben keine größeren Ziele, worauf sie hin sparen. Aus diesem Grund werden sie es niemals richtig verstehen, warum du dein Geld zum Teil lieber sparst, als es auszugeben.

Zudem ist es für die Menschen auch anstrengend, wenn du dich als Person veränderst. Damit übst du, zumindest unbewusst, einen Druck auf sie aus, dass sie sich auch verändern sollten. Den Menschen ist schließlich auch bewusst, dass es sinnvoll ist, nicht sein gesamtes Geld auszugeben und lieber einen Teil zu sparen. Es ist daher für sie auch leichter, dich dafür zu verurteilen, anstatt selbst etwas an ihren Finanzen zu verändern und ihr Leben zu reflektieren.

In gewisser Weise gehört es gesellschaftlich dazu, für irgendwelche Aktivitäten Geld auszugeben. Deshalb sollte nicht komplett darauf verzichtet werden. Wir Menschen sind schließlich soziale Wesen und sonst besteht das Risiko, komplett aus der Gruppe ausgeschlossen und isoliert zu werden. Du musst natürlich nicht bei allem mitmachen oder kannst bei den einzelnen Aktivitäten auch etwas weniger Geld ausgeben. Letzten Endes bleibt es aber ganz alleine deine eigene Entscheidung und du musst dir da von anderen nicht reinreden lassen.»

Stefan atmet tief aus und sagt: «Der Vergleich mit dem Urlaub hilft mir wirklich weiter. Ich möchte mir nicht von anderen Menschen vorschreiben lassen, wohin ich in den Urlaub fahre oder wie ich mein Geld konkret ausgebe. Ich kann dir ziemlich sicher sagen, dass keiner von denen größere Ziele hat und irgendwie auf etwas hinarbeitet. Dann fällt es ihnen wahrscheinlich wirklich schwer, mich und mein Verhalten zu verstehen.

Vor einigen Monaten hätte ich wahrscheinlich selbst auch ähnlich reagiert, wenn jemand von denen Geld sparen würde und deswegen nicht mitgekommen wäre. Jetzt haben sich allerdings mein Verständnis und meine Ziele geändert und mir ist es wichtiger, bald von überall auf der Welt arbeiten zu können. Es ist auch unglaublich, wie viel Geld bei so einem einzigen Abend draufgehen kann.»

«Da kann ich dir nur zustimmen. Die kleinen Ausgaben summieren sich mit der Zeit ganz schön. In der Zukunft wirst du wahrscheinlich noch viel mehr Gegenwind zu spüren bekommen, wenn du etwas an deiner beruflichen Situation oder deinem Wohnort veränderst. Ich denke, für heute reicht es aber erst mal. Wir können dann nächste Woche wieder weitermachen und diesmal habe ich auch keine Hausaufgaben für dich. Beim letzten Mal hattest du ja schon so viel auf», sagt Tobias und lächelt Stefan zu.

«Dann bis nächste Woche», sagt Stefan und gibt Tobias zum Abschied wieder die Hand.

Auf dem Nachhauseweg reflektiert Stefan noch mal den Tag. Spannend findet er, wie sich seine Einstellung zu Geld und Sparen in dieser kurzen Zeit bereits verändert hat. Er kontrolliert jetzt seine Ausgaben, hat sein Auto verkauft und sucht andauernd weitere Möglichkeiten, Geld zu sparen und damit seine Schulden zurückzuzahlen. Seit langer Zeit spürt er endlich mal wieder eine tiefe Zufriedenheit für die erreichten Fortschritte und freut sich auf seine spannende Zukunft. Was da wohl noch alles auf ihn zukommen wird?

Menschen verderben das Geld

Knapp eine Woche ist das letzte gemeinsame Treffen her. Dieses Mal treffen sich Stefan und Tobias am Freitagnachmittag an einem Kiosk in der Innenstadt. Es herrscht reger Betrieb und viele Leute wollen nach der Arbeit noch schnell eine Kleinigkeit holen.

«Spielst du eigentlich auch Lotto?», fragt Tobias, als sie vor dem Kiosk stehen.

Stefan antwortet mit einem Lächeln im Gesicht: «Ich habe früher relativ regelmäßig gespielt, aber jetzt habe ich damit aufgehört. Das Geld kann ich besser für eine Reise sparen oder um mein Vermögen aufzubauen. Das Haushaltsbuch hat schon eine disziplinierende Wirkung. Beim Geldausgeben weiß ich ja schon, dass ich die Ausgabe später eintragen werde.»

Tobias sagt: «Das freut mich wirklich sehr. Dann habe ich dir ja schon etwas beibringen können. Die allermeisten Menschen spielen Lotto, weil sie auf den großen Millionengewinn hoffen und dann ihr gesamtes Leben ändern wollen. Interessanterweise sind die allermeisten Lottomillionäre allerdings bereits nach wenigen Jahren wieder pleite, weil sie die Grundgesetze des Reichtums nicht beachten.

Auch 5 Millionen Euro sind relativ schnell weg, wenn die Ausgaben deutlich über den Einnahmen liegen. Dabei könnte ich mir bei einer vernünftigen Anlage dieses Geldes bis zu meinem Lebensende locker ein Jahreseinkommen von 200.000 Euro auszahlen. Selbst nach Steuern könnte ich also locker 10.000 Euro im Monat ausgeben und hätte nie wieder Geldsorgen.

Weißt du, was der Hauptgrund für dieses Phänomen ist? Weißt du, warum die meisten nach einigen Jahren wieder pleite oder sogar verschuldet sind?»

Stefan antwortet ohne weiter nachzudenken: «Du hast die Frage doch schon selbst beantwortet: Die Leute kennen und beachten die Grundgesetze des Reichtums nicht. Sie geben also einfach viel zu viel Geld aus.»

Ohne auf Stefans Aussage einzugehen, geht Tobias auf einen der Passanten zu und sagt: «Entschuldigen Sie bitte. Ich hätte eine kurze Frage an Sie. Wenn Sie ein Vermögen von 5 Millionen Euro hätten und dadurch ein Einkommen von 120.000 Euro im Jahr erzielten, wie viel Geld dürften Sie dann ausgeben, sodass Sie am Ende des Jahres noch die 5 Millionen als Vermögen hätten?»

Der junge Mann schaut Tobias total verwirrt an. Etwas verdattert antwortet er: «Soll das eine Scherzfrage sein? Es dürften maximal 120.000 Euro ausgegeben werden. Wieso fragen Sie das?»

«Ach, nur so. Sie haben uns sehr weitergeholfen. Vielen Dank dafür», antwortet Tobias darauf und wendet sich wieder von dem Passanten ab. Kopfschüttelnd geht der junge Mann weiter seinen Weg. Tobias schaut ihm noch kurz hinterher und sagt dann zu Stefan: «Das Gleiche könnten wir jetzt mit einhundert Passanten wiederholen und alle würden die Antwort wissen. Die Leute wissen, dass sie nur so viel ausgeben dürfen, wie sie einnehmen. Trotzdem beachten sie es nicht, obwohl sie sich dessen eigentlich bewusst sind. Dafür muss es doch einen Grund geben, dass die meisten entgegen ihrem Wissen handeln. Das Nichtbeachten der Gesetze des Reichtums ist nur ein Symptom einer tiefer liegenden Krankheit. Weißt du, was diese ist?»

Etwas verunsichert antwortet Stefan: «Vielleicht die Glaubenssätze der Menschen?»

Tobias ruft laut: «Bingo! Jetzt hast du verstanden, worauf ich hinauswollte. Wir hatten uns ja schon ein paar typische Glaubenssätze vorgenommen und entkräftet. Zum Beispiel die Glaubenssätze, dass Geld nicht wichtig sei oder sparen Verzicht bedeuten müsse. Das sind allerdings in der Regel eher die schwächeren Glaubenssätze.

Die meisten Menschen wollen unbewusst eigentlich nicht viel Geld besitzen, weil sie das ihrer Meinung nach zu einem schlechten Menschen werden lässt. Weit verbreitete Glaubenssätze über Reichtum sind zum Beispiel: ‚Geld verdirbt den Charakter', ‚Geld ist die Wurzel allen Übels', ‚Die reichen Menschen sind durch Betrug und Benachteiligung von anderen Menschen reich geworden' oder ‚Reichtum ist an sich etwas Unmoralisches'.

Solange du zumindest innerlich davon überzeugt bist, wird es dich davon abhalten, wirklich vermögend zu werden. Die allermeisten sind ganz fest von diesen Dingen überzeugt und schaffen es daher nicht, sich an die Grundgesetze des Reichtums zu halten. Irgendwie sind sie davon überzeugt, dass sie ein schlechter Mensch wären, wenn sie viel Geld hätten. Auf deinem Zettel mit den Glaubenssätzen hast du auch aufgeschrieben, dass Geld den Charakter verdirbt. Wie kommst du darauf?»

«Ehrlich gesagt weiß ich gar nicht so genau, woher dieser Glaubenssatz kommt. In meiner Familie und meinem Umfeld habe ich das sehr oft gehört und auch die Medien zeigen doch andauernd, dass das so stimmt. Du musst dir doch nur die großen Steuerhinterziehungen, die Betrügereien von Unternehmenschefs und die Korruption in dem Bereich anschauen. Dann wird doch schon klar, dass viel Geld den Charakter in gewisser Weise verdirbt. Sonst würden diese Menschen sich bestimmt anders verhalten», antwortet Stefan etwas unsicher.

«Du unterliegst gerade einem größeren Denkfehler. Die Medien stellen die Welt niemals wirklichkeitsgetreu dar, weil sie bestimmte Sachen weglassen oder besonders in den medialen Fokus legen. Ich gebe dir mal ein paar Beispiele für Schlagzeilen und du kannst ja mal überlegen, welche von denen auf der Titelseite landen:

‚Fußballmanager hinterzieht Steuern in Millionenhöhe'
‚Lagermitarbeiter aus Wuppertal hinterzieht
856,34 Euro an Steuern'
‚Unternehmer zahlt Steuern in Millionenhöhe
pünktlich und in korrekter Höhe'
‚Unternehmen entlässt 1.000 Mitarbeiter'
‚Unternehmen schafft 1.000 neue Arbeitsplätze'

‚Korruption: Vorstandschef wird mit 2,6 Millionen Euro bestochen'
‚Korruption: Sachbearbeiter bei Baubehörde wird mit 6.000 Euro bestochen'

Dir wird bei den Schlagzeilen klar sein, dass nur die auf der Titelseite landen, die negativ sind und eine größere Tragweite haben. Wir können ja einfach mal die Steuerhinterziehung von Uli Hoeneß als Beispiel nehmen. Ohne Zweifel hat er beim Finanzamt nicht die richtigen Angaben in seiner Steuererklärung gemacht und dadurch Steuern hinterzogen. Wir brauchen auch nicht darüber zu diskutieren, dass es falsch ist, Steuern zu hinterziehen, und er deshalb zu Recht verurteilt wurde. Steuerhinterziehung wird allerdings nicht nur von Reichen begangen.

Wenn du als Arbeitnehmer bei der Steuererklärung lügst, indem du falsche Strecken angibst oder die Werbungskosten zu hoch ansetzt, begehst du auch Steuerhinterziehung. Im Gegensatz zu den Reichen wird das allerdings medial nicht so ausgeschlachtet, weil die absoluten Beträge nicht so hoch sind. Von der kriminellen Energie ist es allerdings so ziemlich das Gleiche und der gleiche Arbeitnehmer hätte bei einem höheren Einkommen dann auch höhere Beträge an Steuern hinterzogen. Du kennst doch bestimmt auch einige Kollegen, die bei der Steuererklärung die Wahrheit zu ihren Gunsten verdrehen?», fragt Tobias.

Stefan nickt und antwortet: «Ja, klar. Der eine mehr und der andere weniger. Du willst mir also damit sagen, dass die Medien ein falsches Bild von der Realität zeichnen und daher die Sichtweise auf reiche Menschen so negativ ist? Ich kann irgendwie noch nicht so ganz glauben, dass Geld keinen Einfluss auf den Charakter hat. Schließlich gibt es meiner Meinung nach viele Unternehmer, die nicht so gut mit ihren Mitarbeitern umgehen, oder Lottomillionäre, die sich nach dem Gewinn nur mit Alkohol zuschütten, das Geld raushauen und mit anderen schlechter umgehen.»

«Stefan, du hast teilweise Recht. Die Medien zeichnen ein falsches Bild von der Realität. Unser Gehirn ist allerdings auch so gebaut, dass es versucht, unsere Sichtweisen zu bestätigen. Das bedeutet, wenn du glaubst, Geld verdirbt den Charakter, wirst du nur entsprechend passende Informationen sehen oder unpassende Dinge so zurechtbiegen, dass es in dein Weltbild passt. Das wird auch als selektive Wahrnehmung bezeichnet.

Es passieren so viele unterschiedliche Sachen, dass wir nicht alles bewusst wahrnehmen können und das Gehirn daher einen Filter braucht. Du kennst bestimmt auch die Situation, dass einer deiner Kollegen ein selteneres Automodell gekauft hat und du danach überall nur noch dieses Auto siehst. Dein Filter hat sich einfach verändert.

Du kannst die nächsten Wochen ja mal darauf achten, wie viele positive und negative Schlagzeilen über vermögende Menschen in der Zeitung erscheinen. Du wirst danach wirklich erstaunt sein und den Ursprung deines Weltbildes verstehen. Wenn dir andauernd nur gesagt wird, dass Geld den Charakter verderben würde oder reiche Menschen Betrüger wären, wirst du auch kein gutes Bild von diesen Menschen haben.

Zudem hast du auch mit deiner Beobachtung recht, dass viele Menschen nach einem Lottogewinn auf einmal komische Sachen machen wie andauernd Luxus zu konsumieren, in die Partyszene abzustürzen oder andere Menschen schlechter zu behandeln. Wenn Menschen plötzlich zu Geld kommen, kann es gut sein, dass sich das **Verhalten** der Person ändert. Geld verändert allerdings **niemals** den **Charakter** eines Menschen.

Wenn du ein Arschloch bist und kein Geld hast, wirst du mit mehr Geld einfach zu einem größeren Arschloch. Du musst dich nicht mehr so stark an andere Menschen anpassen und kannst deinen wahren Charakter voll zeigen. Geld ermöglicht es einfach, den eigenen Charakter voll auszuleben und keine Rücksicht auf andere Menschen zu nehmen. Zudem hast du mit viel Geld auch viel mehr Macht. Wenn du zum Beispiel der Chef einer riesigen

Firma bist, kannst du deine Mitarbeiter schikanieren und musst nicht mit einer Kündigung rechnen. Als normaler Arbeitnehmer ohne Personalverantwortung ist das nicht so ohne Weiteres möglich. Vom Charakter her bist du vielleicht genauso wie der blöde und rücksichtslose Chef. Bei dir ist es vielleicht nur nicht am Verhalten ersichtlich.

Solange du kein Geld hast und auf das Geld deines Arbeitgebers angewiesen bist, wirst du dich eher verstellen und anders verhalten, als du es gerne würdest. Wenn du zum Beispiel den Charakterzug hast, leicht aus der Haut zu fahren und andere Menschen niederzumachen, wirst du das tendenziell ohne Geld und in einer abhängigen Beschäftigung weniger ausleben können. Als unkündbarer Unternehmenschef brauchst du dich dagegen nicht zu verstellen. Kein Geld zu haben, bringt die Menschen also eher dazu, entgegen ihrer Persönlichkeit zu handeln. Hört sich das vernünftig an?», fragt Tobias.

«Irgendwie hört sich das alles plausibel an, ja. Aus dieser Perspektive habe ich das Ganze noch nie betrachtet. Das deckt sich auf jeden Fall mit meinen Beobachtungen, dass manche meiner Kollegen ganz ruhig werden, wenn der Chef reinkommt. Manche tun ganz beschäftigt und fleißig, auch wenn sie vom Charakter und ihrer Persönlichkeit eher zu den Faulen gehören. Du musst also zwischen dem weniger sichtbaren Charakter und dem sichtbaren Verhalten unterscheiden. Vor allem solltest du nicht vom Verhalten direkt auf den Charakter einer Person schließen», sagt Stefan.

Tobias antwortet begeistert: «Du scheinst es wirklich verstanden und verinnerlicht zu haben. Geld an sich ist eigentlich etwas vollkommen Neutrales und nur der jeweilige Mensch und sein Charakter werden dadurch sichtbar. Geld ist quasi so etwas wie ein Spiegel für die Einstellung und inneren Werte eines Menschen. Wenn zum Beispiel Menschen wie Mahatma Gandhi, Nelson Mandela oder Mutter Theresa zu sehr viel Geld kommen, werden sie es für gute Zwecke einsetzen und dadurch ihren Charakter noch sichtbarer machen.

Margaret Thatcher (Weekend World, 6. Januar 1980) hat es sehr gut auf den Punkt gebracht:

‚Niemand würde sich an den barmherzigen Samariter erinnern, wenn er nur gute Absichten gehabt hätte. Er hatte auch Geld.'

Besonders im kirchlichen und sozialen Bereich wird Geld gerne abgewertet und als etwas Schlechtes gesehen. Dabei kannst du mit viel Geld auch viel Gutes tun und die Welt zum Positiven verändern. Alleine mit der Absicht, die Welt zu einem besseren Ort zu machen, können in Afrika keine Schulen oder Brunnen gebaut werden. Mit Geld schon.

Oder, um es kurz zu fassen: Ein Arschloch wird mit viel Geld ein noch größeres und machtvolleres Arschloch, ein guter Mensch hingegen kann mit viel Geld noch mehr Gutes tun.»

Stefan antwortet darauf: «Ich sehe schon, dass Geld den Menschen an sich nicht verändert. Es kann dagegen leicht dazu führen, dass man ein schlechterer oder besserer Mensch wird, als man es ohne viel Geld wäre. Ich werde in der nächsten Zeit auf jeden Fall mal die Nachrichten verfolgen und nach negativen Nachrichten zu reichen Menschen Ausschau halten.»

Tobias sagt mit einem Grinsen im Gesicht: «Ich finde es schön, dass du dir jetzt schon selbst freiwillig Hausaufgaben gibst. Das wird dir bestimmt weiterhelfen, das Ganze noch klarer zu sehen. Ich hole dich dann nächstes Wochenende zu Hause ab und dann fahren wir zu dem Ort, an dem die meisten Menschen die Reichen gerne hätten und sie zum Teil auch vermuten.»

«Das hört sich ja schon wieder sehr geheimnisvoll und spannend an! Dann bis nächste Woche», sagt Stefan und verabschiedet sich von Tobias.

Die bösen Reichen

Tobias fährt mit einem älteren und sichtlich gebrauchten VW Golf die Straße zu Stefans Wohnung hinunter. Als er vor dem Haus zum Stehen kommt und Stefan in den Wagen einsteigt, sagt Stefan verwundert: «Ich hätte nicht erwartet, dass du einen so günstigen und alten Wagen fährst. Besonders, weil ich dich davor nur mit dem Ferrari gesehen habe.»

Tobias muss schmunzeln. Er fährt los und antwortet: «Tja, wenn ich andauernd nur Ferrari fahren würde, wäre ich heute auch nicht annähernd so vermögend. Die meisten Menschen kaufen sich ein viel zu teures Auto auf Kredit, um damit andere Menschen zu beeindrucken und einen höheren Status vorzutäuschen.

Mir geht es bei meinem Auto hauptsächlich darum, dass ich von A nach B komme. Mehr nicht. Es bereitet zwar Spaß, ab und zu mal einen Sportwagen zu fahren, aber wenn ich jeden Tag mit dem Sportwagen fahren würde, wäre es ja auch nichts Besonderes mehr für mich. Ich kenne allerdings auch genug Reiche, die wirklich teure Autos besitzen. Im Unterschied zu dem Großteil der Bevölkerung kaufen sie diese allerdings erst, wenn sie sie Cash bezahlen können und es auch in einem vernünftigen Verhältnis zum Einkommen steht. Ein Auto sollte nämlich niemals mehr als ein bis drei Monatsgehälter kosten.»

«Ein bis drei Monatsgehälter ist aber schon ziemlich krass. Ich glaube, von meinen Kollegen hält das kein einziger ein. Ich brauche darüber aktuell auch nicht nachzudenken, weil mein Auto verkauft ist. Ich hätte noch eine Frage an dich. Die letzte Woche über habe ich verstärkt in den Nachrichten und Medien darauf geachtet, welches Bild von den Reichen projiziert wird.

Dabei ist mir erstmals klar geworden, wie unglaublich negativ dieses ist. Mich würde mal interessieren, was der Hintergrund ist. Warum wird ein so negatives Bild von den Reichen gezeichnet und nichts Positives über sie berichtet?», fragt Stefan mit nachdenklicher Miene.

Tobias fängt an zu erklären: «Lass es mich mal so sagen. Das Fernsehen und die Medien senden das, was die Menschen sehen wollen. Charlie Chaplin hat das einmal sehr gut zusammengefasst: ‚Eine Sache, die man am Theater sehr schnell lernt, ist, dass die Leute insgesamt zufrieden sind, wenn den Reichen übel mitgespielt wird. Der Grund dafür liegt in der Tatsache, dass neun Zehntel der Welt arm ist und dem restlichen Zehntel seinen Wohlstand insgeheim übel nimmt.'

Die Menschen wollen eigentlich reich sein, aber weil sie es nicht sind und zum größten Teil auch niemals werden, verurteilen sie die Reichen. Der Gewinn und das Einkommen der Medien hängt einzig und alleine davon ab, dass ihre Nachrichten und Sendungen von den Menschen konsumiert werden. Deshalb spiegeln das Fernsehen und die Zeitungen einfach nur die Einstellung der Bevölkerung wider, denn diese will genau das sehen und konsumieren. Zudem sind die Produzenten der Nachrichten meistens Angestellte, die selbst kein großes Vermögen und auch eine negative Einstellung gegenüber Reichen haben.

Das geht sogar so weit, dass selbst in Serien, Filmen und Romanen die Reichen meistens auch die Bösen sind. Achte mal darauf, wenn du das nächste Mal einen Krimi siehst und darin reiche Menschen vorkommen. In den allermeisten Fällen wird es so dargestellt, dass sie ihren Reichtum durch das Ausbeuten von Arbeitnehmern, illegale Machenschaften und das Hinterziehen von Steuern und Sozialabgaben aufgebaut haben.

Vor allem wird es so dargestellt, dass das Geld die Beziehungen vergiftet und die Reichen von ihren nächsten Verwandten nur betrogen und verraten werden. Die Kinder werden entführt, die Familie bricht auseinander und alle sind nur scharf auf das Geld.

Auch was die Charakterzüge angeht, sind reiche Menschen niemals besonders positiv dargestellt. So sind sie meistens aufbrausend, hinterhältig, betrügerisch und eiskalt. Das ist das Bild, das der Großteil der Bevölkerung von den Reichen hat. Durch die Medien wird schon kleinen Kindern unterschwellig eingetrichtert, dass es schlecht ist, vermögend zu sein, und du dafür ein schlechter Mensch werden musst. Viele Eltern verstärken diese Sichtweise noch, indem sie über die Reichen schimpfen.

Auch die Politik greift das Thema und die Einstellung der Menschen auf. Gerne wird im Wahlkampf damit geworben, dass die Reichen in Zukunft höher besteuert werden und noch mehr für ‚den kleinen Mann' getan wird. Es ist leicht, auf einer Minderheit herumzuhacken, wenn die Mehrheit diese verachtet und für schlechte Menschen hält.

Ich kenne sehr viele vermögende Menschen und meiner Meinung nach musst du, um reich zu werden, sehr vertrauensvoll sein, Verantwortung übernehmen, anderen Menschen weiterhelfen, Risiko auf dich nehmen und Werte erschaffen. Ich würde in einer Talkshow für meine Aussagen allerdings niemals Applaus erhalten, weil ich damit einfach der Sichtweise der Bevölkerung widerspreche.

Solange die Menschen daran glauben, dass die Reichen alle Betrüger sind und andere Leute nur über den Tisch ziehen, werden sie das nicht verstehen. Interessanterweise existieren diese Bilder in den Köpfen der Menschen, obwohl sie meistens kaum einen Millionär persönlich kennen. Ich kenne dutzende Millionäre und kann dir sagen, dass kein einziger auch nur annähernd mit dem Bild der Öffentlichkeit übereinstimmt.»

Während er die letzten Sätze ausspricht, stellt er das Auto auf einem Parkplatz an einer kleineren Straße ab. Er sagt kurz angebunden: «Wir sind da.»

Große graue Betonwände, die durch Stacheldraht gesichert werden, umzäunen das große, trist wirkende Gebäude. Er hat das Auto direkt neben dem großen Eingangstor aus Stahl am

Straßenrand geparkt. Es ist das örtliche Gefängnis. Stefan blickt aus dem Auto und kann die Gitterstäbe vor den Fenstern erkennen.

Er fragt Tobias: «Was sollen wir denn hier?»

Tobias grinst ihn an und sagt geheimnisvoll: «Wir sorgen dafür, dass du nicht ins Gefängnis gehst oder meinst, gehen zu müssen.»

Stefan schaut ihn verwirrt an. Tobias fährt unbeirrt fort: «Willst du gerne ins Gefängnis wandern?»

«Natürlich nicht», antwortet Stefan entrüstet. «Warum sollte ich das denn auch wollen?», fügt er hinzu.

«Ah, das dachte ich mir schon. Durch die Medien und dein Umfeld wurde dir eindringlich beigebracht, dass reiche Menschen schlecht sind, andere betrügen und eigentlich ins Gefängnis gehören. Wir Menschen wollen allerdings weder ins Gefängnis noch wollen wir, dass andere Menschen uns verurteilen und als schlechten Menschen sehen. Besonders wichtig ist uns unser Selbstbild. Wir wollen uns selbst nicht als einen schlechten Menschen sehen und für schlecht halten.

Die meisten Menschen wären ja eigentlich gerne reich, aber unterbewusst verachten sie reiche Menschen und sehen den Reichtum fast schon als ein Verbrechen an. Solange du in dir den Glauben hast, dass Reichtum ein Verbrechen ist, wirst du dich unbewusst unentwegt selbst davon abhalten und manipulieren, sodass du nicht wirklich vermögend wirst. Daher müssen wir jetzt erst mal klären, wie Menschen vermögend werden und was sie dafür tun müssen», sagt Tobias.

Stefan antwortet ruhig: «Ich weiß, was du meinst. Irgendwie bin ich davon auch noch überzeugt und kann gar nicht genau sagen, warum das so ist.»

Tobias erklärt: «Wenn wir uns alle reichen Menschen angucken, dann haben die meisten ein Unternehmen aufgebaut. Es gibt auch wenige, die eine sehr erfolgreiche Selbstständigkeit haben, ihr Vermögen geerbt haben oder durch Glück an das

Geld gekommen sind. Die lasse ich jetzt mal bewusst außen vor.

Um vermögend zu werden, musst du also ein erfolgreiches Unternehmen aufbauen. Das geht nur, wenn du für deine Kunden Mehrwerte lieferst, für die sie freiwillig bereit sind, im Austausch ihr Geld zu geben, wenn du Arbeitnehmer einstellst und gut behandelst, dich an die geltenden Gesetze hältst und deine Steuern an das Finanzamt zahlst.

Du kannst auch vermögend werden, indem du andere Menschen über den Tisch ziehst, deine Mitarbeiter schlecht behandelst und die Gesetze nicht einhältst. Das ist allerdings deutlich schwieriger und klappt nur in den seltensten Fällen. Irgendwann bricht das Kartenhaus zusammen und diese Menschen verlieren ihr Vermögen wieder. Du kannst dir das so vorstellen, als müsstest du hunderten Menschen etwas Falsches vorspielen und kein Einziger darf es merken. Sehr oft fliegen falsche Machenschaften auf, weil Mitarbeiter schlecht behandelt wurden und diese dann den Behörden anonym einen Hinweis geben.

Auf einen Punkt möchte ich noch mal im Detail zu sprechen kommen: Geld ist ein Tauschmittel für Werte. Das bedeutet, du musst irgendwelche Werte erschaffen, für die die Menschen bereit sind, ihr Geld herzugeben. Du kannst deine Kunden auch nicht zwingen, bei dir zu kaufen. Du bist schließlich kein Monopolist oder der Staat. Der Staat kann einfach festlegen, dass ab sofort eine Steuer zu zahlen ist, und du kommst nicht drum herum.

Ein Unternehmen hingegen muss den Menschen einen so großen Mehrwert bieten, dass sie freiwillig ihr Geld gegen das Produkt eintauschen wollen. Du dienst als Unternehmer also deinen Kunden. Wenn du wirklich vermögend werden willst, musst du also tausenden eher zehntausenden Menschen einen Mehrwert bieten.

Das beachten die meisten Menschen allerdings überhaupt nicht und sehen nur ihr eigenes verzerrtes Bild der Realität.

Ich finde es immer wieder spannend zu sehen, wie sich Leute über ein ‚abzockerisches', Angebot ihres Mobilfunkanbieters aufregen, obwohl sie jederzeit ein anderes Angebot annehmen könnten. Du kannst also jederzeit durch die Wahl der gekauften Produkte ein Unternehmen abwählen, wenn die Leistung nicht gut ist.

Als Unternehmer musst du also deinen Fokus auf den Kunden legen und ihren sich verändernden Wünschen nachkommen. Nokia ist ein schönes Beispiel dafür, wie schnell ein Weltmarktführer an Bedeutung verlieren kann, wenn er nicht mehr auf die Kunden hört und das Produkt nicht weiterentwickelt.»

Stefan ist von den ganzen Informationen etwas überfordert und sagt nur: «Darüber habe ich noch nie so im Detail nachgedacht. Ist es nicht unfair, dass du nur als Unternehmer vermögend werden kannst? Dieser nutzt schließlich dann die Leistung der Arbeitnehmer aus und wird dadurch vermögend.»

«Du kannst nicht nur als Unternehmer vermögend werden. Es geht auch als Selbstständiger oder als sehr guter Angestellter in einer sehr hohen Position. In den allermeisten Fällen sind es allerdings aus gutem Grund die Unternehmer, die vermögend werden. Du hast bei deiner Überlegung nämlich eine Sache vollkommen vergessen: Der Unternehmer trägt das Risiko komplett alleine. Als Arbeitnehmer erhältst du jeden Monat dein festes Gehalt, hast viele Rechte wie Urlaub oder feste Arbeitszeiten, erhältst dein Geld auch noch im Krankheitsfall oder wenn das Geschäft gerade nicht läuft. Als Angestellter hast du kein Risiko und erhältst auf jeden Fall dein Geld, solange du bei dem Unternehmen angestellt bist.

Der Unternehmer hingegen muss zu Beginn der Unternehmensgründung erst einmal Kapital zur Verfügung stellen und riskiert mit der Unternehmensgründung auch, dass das Geld verloren geht. Wenn ich zum Beispiel ein kleines Geschäft wie ein Café eröffnen will, muss ich zuerst für die Einrichtung zehntausende Euros in die Hand nehmen, dann neben der Miete und anderen Kosten auch noch die Angestellten bezahlen und gleichzeitig versuchen, das Geschäft zum Laufen zu kriegen. Wenn alles bezahlt ist und dann noch etwas übrig bleibt, darf ich das Geld als Unternehmer behalten. Natürlich nur, nachdem ich es mit dem Finanzamt solidarisch geteilt habe.

Wenn allerdings nicht genug Geld reinkommt, muss ich die ganzen Kosten trotzdem tragen und unter anderem die Mitarbeiter bezahlen. In dem Fall muss ich etwas von meinem eigenen Geld nehmen und die Angestellten bezahlen. Ich hatte bei mir im Unternehmen zum Beispiel eine Phase, in der wir über ein halbes Jahr kaum Aufträge hatten und ich trotzdem jeden Monat 20.000 Euro an Gehältern auszahlen musste.

Ich habe das Geld aus meiner eigenen Tasche gezahlt und stand am Ende sogar kurz vor der Pleite. In dem Fall hätte ich fünf Jahre vollkommen umsonst gearbeitet und auch noch mein gesamtes Vermögen verloren. Ich war als Unternehmer schon einige Male knapp vor der Privatinsolvenz und hätte für das eingegangene Risiko viele Jahre die negativen Folgen tragen müssen, wenn es schiefgegangen wäre. Als Angestellter kannst du im schlimmsten Fall nur gefeuert werden. Das bedeutet, du hast in der Zukunft kein Einkommen mehr und musst auch nicht mehr für das Unternehmen arbeiten. Du kannst dir also auch einfach einen neuen Job suchen und verlierst auch nichts von deinem Geld.

Und noch eine kleine Anmerkung: Du kannst nur als Angestellter arbeiten, weil andere Menschen bereit sind, größere Risiken einzugehen und dich anzustellen, als du selbst. Das wird auch gerne vergessen, dass das keine Selbstverständlichkeit ist und niemand dazu verpflichtet ist.

Der Staat zwingt die Unternehmen gerne dazu, den Arbeitnehmern noch mehr Rechte zu gewähren und noch mehr für sie zu tun. Das führt dazu, dass es für die Unternehmen noch risikoreicher wird, Angestellte einzustellen. Wenn du ein schlechter Angestellter bist, nur Geld kostest und der Unternehmer den

Angestellten eigentlich kaum loswird und schwer kündigen kann, muss sich der Staat nicht wundern, dass in Krisenzeiten nur sehr langsam wieder Leute eingestellt werden. Die Unternehmer wollen auch nicht pleitegehen.

Zudem hat jeder auch die freie Wahl, was für einen Beruf er ausüben will. Du kannst dich irgendwo anstellen lassen oder ein Unternehmen gründen und andere Menschen anstellen. Dazu musst du natürlich deine Finanzen im Griff und Geld zur Verfügung haben. Es ist also alles deine eigene Entscheidung», sagt Tobias.

«Okay, ich verstehe jetzt so langsam, warum du als Unternehmer viel Geld verdienen kannst und das auch gerechtfertigt ist. Schließlich gehst du hohe Risiken ein, bietest anderen Menschen eine Arbeit und stiftest einen Mehrwert für die Kunden. Aber Unternehmer sind doch nicht der Großteil der Vermögenden, oder? Schließlich gibt es so viele reiche Erben, Vorstände und Lottogewinner», sagt Stefan daraufhin.

Tobias grinst Stefan an und fragt: «Woher hast du denn die Informationen, wie viele Reiche das Geld geerbt oder als Nicht-Unternehmer verdient haben?»

«Ah. Ich verstehe, worauf du hinauswillst. Meine Informationen über die Reichen habe ich hauptsächlich durch die Medien und die verbreiten letzten Endes auch nur das, was die Menschen hören wollen. Es ist viel angenehmer für die Menschen, zu glauben, dass die meisten Vermögenden für ihr Geld nichts Großartiges getan und es einfach durch eine Erbschaft oder einen Lottogewinn erhalten haben. Niemand interessiert sich für den Unternehmer, der etliche Arbeitsplätze geschaffen und gute Produkte entwickelt hat. Habe ich damit recht?», fragt Stefan etwas aufgeregt über seinen Geistesblitz.

Tobias freut sich, dass Stefan das Prinzip hinter dem Ganzen verstanden hat und sagt: «Genau richtig. Es ist nur ein ganz kleiner Anteil der Reichen durch eine Erbschaft oder einen Lottogewinn reich geworden. Die allermeisten haben sich das

Vermögen selbst erarbeitet. Letztendlich ist es auch vollkommen egal, wie Menschen an Vermögen gekommen sind. Geld wandert von den unfähigen zu den fähigen Händen. Wenn der Erbe oder Lottogewinner nicht mit Geld umgehen oder nicht vernünftig investieren kann, wird das Geld wieder zu den Leuten wandern, die Ahnung davon haben. Gerechtigkeitsfanatiker und linke Politiker fordern sehr häufig, dass das Vermögen vollkommen gleich verteilt werden sollte. Das Geld solle einfach den Reichen weggenommen und an die Armen verteilt werden. Dann hätte jeder Bürger schätzungsweise 1 Millionen Euro. Das ändert allerdings überhaupt nichts, denn bereits nach kürzester Zeit wäre die Verteilung wieder so wie vorher.

Die Ärmeren geben ihr gesamtes Geld für Konsum aus, nehmen noch mehr Kredite auf und sind nach wenigen Jahren genauso unvermögend wie zuvor. Die Reichen tätigen noch mehr Investitionen, bauen wieder Unternehmen auf und sind danach wieder genauso reich wie zuvor. Das Geld fließt durch die Entscheidung zum Konsum von den Armen wieder zu den Reichen, die damit noch mehr Investitionen tätigen und Produkte erschaffen können.

Armut ist also, Härtefälle wie schwere Krankheiten oder Ähnliches mal ausgenommen, eine Frage der Einstellung, des Wissens und der eigenen Entscheidungen. Das Geld ist nur das logische Resultat dieser Schritte. Mich stört es also nicht unbedingt, wenn andere Menschen ungerechtfertigt vermögend werden. Das Vermögen ist ohne die nötigen Fähigkeiten nämlich sowieso nur von kurzer Dauer. Zudem lege ich meinen Fokus auch lieber darauf, wie du reich wirst und dann auch bleibst. Alles andere wäre nur Zeitverschwendung.»

«Die ganzen Informationen muss ich erst mal verdauen. Irgendwie logisch, dass das Geld zu den Leuten fließt, bei denen die Ausgaben niedriger als das Einkommen sind und das Geld regelmäßig investiert wird. Bei den Armen wird das Vermögen in der Regel (wie der See) kleiner, weil sie das ganze

Geld raushauen. Bisher hatte ich wirklich ein sehr negatives Bild über die Reichen und mir fällt es schwer, das einfach so über Nacht zu ändern. Alles, was du gesagt hast, hört sich schlüssig und logisch an, trotzdem fällt es mir noch schwer, vollkommen daran zu glauben. Hättest du vielleicht noch eine Hilfestellung für mich?», fragt Stefan nachdenklich.

Tobias zeigt auf die Betonmauern des Gefängnisses und sagt: «Stell dir vor, du hättest über Jahrzehnte hinweg eine Betonmauer um dich herum aufgebaut. Dann verschwindet die auch nicht ganz plötzlich mit einem großen Knall. Vielmehr musst du lange daran bohren und die Mauer nach und nach abtragen. Das Gleiche gilt für dein Weltbild: Man kann kein über Jahrzehnte aufgebautes Weltbild aus Glaubenssätzen mit einem Schlag zerstören. Es ist ein Prozess, der mehrere Monate oder eher sogar Jahre dauern kann. Die größten Fortschritte machst du allerdings ganz zu Beginn, wenn du erkennst, dass du eine Mauer aufgebaut hast, die dich am Vorankommen hindert. In diesem Moment kannst du nämlich damit beginnen, diese Mauer einzureißen.

Mit meinem Coaching werde ich es auch niemals schaffen können, dass deine ganzen negativen Glaubenssätze verschwinden. Ich kann dich allerdings auf die Mauern in deinem Kopf hinweisen, dir die größten Schwachstellen aufzeigen, erste Durchbrüche erzielen und zeigen, wie du sie später alleine zerstören kannst. Ich denke, für heute reicht es auch mit dem Coaching. Ich bringe dich jetzt wieder nach Hause.»

Stefan nickt und schaut noch ein letztes Mal auf die Betonmauern. Er sitzt die ganze Fahrt über schweigend neben Tobias. Ihm kreisen tausende Fragen über die verschiedensten Themen durch den Kopf, doch die möchte er sich lieber für das nächste Treffen aufsparen, um seine Gedanken vorher etwas sortieren zu können.

Familie oder Geld

Es schüttet wie aus Eimern, als Stefan an dem vereinbarten Lokal in der Innenstadt ankommt. Er freut sich, jetzt endlich im Trockenen zu sein und seine nasse Regenjacke aufhängen zu können. Kurze Zeit später kommt auch Tobias pitschnass an und setzt sich zu Stefan an den Tisch.

Seit dem letzten Treffen sind ein paar Wochen vergangen und Stefan hatte viel Zeit, über das letzte Gespräch nachzudenken. Neugierig fragt er:

«Wieso hast du mir eigentlich erst beim letzten Gespräch das Bild mit dem Gefängnis und den Mauern vermittelt? Ich habe viel darüber nachgedacht und finde es wirklich gut, um die inneren Glaubenssätze verstehen zu können. Sie halten einen innerlich auf und verschwinden auch nicht so einfach von heute auf morgen mit einem großen Knall.»

«Ich glaube, hinter deiner Frage zu dem Mauerbild steckt noch eine tiefergehende Frage. Du willst von mir vermutlich wissen, warum ich dir die Lektionen in dieser Reihenfolge vermittle. Ist es nicht so?», fragt Tobias und schaut Stefan mit einem gespannten Blick an.

Stefan bejaht die Frage mit einem kurzen Nicken, weshalb Tobias anfängt, weiter auszuholen: «Bei mir war es in der Schule so, dass jeder Schüler den Unterrichtsstoff in der gleichen Reihenfolge und in der gleichen Geschwindigkeit lernen musste. Zudem konnte der Schüler auch nur in begrenztem Umfang beeinflussen, was er lernen wollte oder wo seine Stärken lagen.

In den allermeisten Fällen wird das Wissen auch nur theoretisch beigebracht und kann in der Lebensrealität nicht angewendet werden. Viel effektiver ist es aber, das Wissen dann beizubringen, wenn der Schüler es lernen will, es im passenden Tempo zu vermitteln und das Wissen auch direkt anzuwenden. Ganz zu Beginn hätten dich die negativen Glaubenssätze zu reichen Menschen überhaupt nicht interessiert und dich auch nicht weitergebracht. Viel wichtiger war es, dir die Basics zum Sparen und Managen des Geldes beizubringen und erste negative Blockaden aufzulösen.

Besonders spannend ist es, wenn du mit einem aktuellen Problem zu mir kommst und wir das dann gemeinsam lösen können. So war es ja zum Beispiel, als du das Gefühl hattest, beim Sparen auf etwas verzichten zu müssen. Ich hatte für den Tag eigentlich etwas anderes angedacht, aber es war in dem Moment viel sinnvoller, auf das aktuelle Problem einzugehen.

Die Reihenfolge meiner Lektionen wird also zu einem großen Teil von dir und deinen Aussagen bestimmt. Beim letzten Mal hatte ich irgendwie das Gefühl, dass der Vergleich mit dem Gefängnis hilfreich wäre. Deshalb habe ich dir diesen nahegebracht. Gibt es denn irgendetwas, worauf du in den letzten Wochen aufmerksam geworden bist und worüber du mit mir sprechen möchtest?»

Stefan antwortet daraufhin: «Ich kenne das auch mit den Problemen in der Schule. Entweder wird der Stoff für einen persönlich viel zu schnell oder viel zu langsam vermittelt. In den seltensten Fällen passt das Tempo wirklich gut. Bis heute weiß ich noch nicht genau, was mir die musikalische Analyse von klassischen Opern bringen soll.

Ich habe es nie gebraucht und mich hat das in der Schule auch einfach nicht interessiert. Es stimmt wirklich, dass mir die Lektionen am meisten gebracht haben, wenn ich etwas von dir wissen wollte oder mit irgendetwas von der Einstellung her Probleme hatte.

In den letzten Wochen habe ich noch mal mehr auf das Bild der Reichen in den Medien geachtet und mir sind noch ein paar weitere Punkte aufgefallen. Irgendwie bin ich innerlich davon überzeugt, dass es bei reichen Menschen ständig Streit in der Familie gibt oder dass die Reichen häufig wegen des Geldes Probleme in ihren Beziehungen haben. Allgemein wird ja auch gerne gesagt, dass bei Geld die Freundschaft aufhören würde oder du mit viel Geld darauf achten müsstest, dass die Freunde nicht nur wegen des Geldes bei dir bleiben. Könntest du mir vielleicht sagen, ob ich damit recht habe oder wie eine andere Sichtweise sein könnte? Ich habe mittlerweile ja verstanden, dass mich das auch daran hindert, vermögender zu werden.»

«Das hast du gut erkannt. In den Medien und besonders in Spielfilmen und Serien wird es auch gerne so dargestellt, dass du nicht gleichzeitig vermögend sein und in einer glücklichen Beziehung leben kannst. Für die Geschichten selbst ist es schließlich viel spannender, wenn es Probleme gibt und die Partner sich zum Beispiel gegenseitig betrügen. Eine harmonische und glückliche Beziehung bietet einfach keine gute Ausgangslage für eine spannende Geschichte.

Es wirkt dadurch allerdings gerne so, dass Beziehungsprobleme ausschließlich den Reichen vorbehalten sind oder diese besonders oft Beziehungsprobleme haben. Aber du brauchst dich nur in deinem Bekanntenkreis umschauen und wirst dort sicherlich auch etliche Beziehungsdramen und unglückliche Paare entdecken. Auf der anderen Seite gibt es aber auch glückliche Paare. Das Gleiche wirst du bei den Reichen feststellen. Es gibt sowohl glückliche als auch unglückliche Beziehungen.

Du kannst dir eines merken: Reichtum führt nicht zwangsläufig zu schlechten Beziehungen. Geld kann deine bestehenden Probleme allerdings verstärken.

Wie ich das meine? Wenn du in einer unharmonischen Beziehung bist und jetzt zu viel Geld kommt, können versteckte Werte des Partners zutage kommen. Wenn zum Beispiel der eine Partner gerne in teure Urlaube fährt und auch bereit wäre, dafür zehntausende Euros auszugeben, und der andere mehr aufs Sparen programmiert ist, führt der Geldregen zu großen Problemen. Geld führt nämlich dazu, dass die unterschiedlichen Werte sichtbar werden.

Allerdings bedeutet das nur, dass die Wertunterschiede auch schon vorher existiert haben und durch das Geld sichtbar geworden sind. In Statistiken führt schon seit Jahren der Streit um das Geld die Liste der Trennungsgründe an. Eigentlich müsste dort stehen, dass die einzelnen Personen unterschiedliche Wertvorstellungen und Ziele in ihrem Leben haben, die durch das Geld sichtbar wurden.

Geld wird in Beziehungen nur dann zum Problem, wenn sich die Partner uneinig über die Verwendung sind oder zu wenig Geld da ist. Zu viel Geld führt niemals zu Problemen, wenn die gemeinsame Partnerschaft auf ähnlichen Werten basiert. Wenn das nicht der Fall ist, kann das Geld die Beziehung quasi indirekt zerstören», erklärt Tobias.

«Das kenne ich auch: das ein oder andere Paar in meinem Bekanntenkreis, welches sich andauernd über Geld streitet. Sie möchte gerne gemeinsam ein Haus kaufen und er ist noch nicht dazu bereit, sesshaft zu werden. Ich höre mir die Diskussionen schon seit Monaten an. Ich kann das mit den unterschiedlichen Werten also sehr gut verstehen.

Mir ist allerdings schon häufiger aufgefallen, dass reiche ältere Männer mit sehr jungen und gut aussehenden Frauen zusammen sind. Das wird doch nicht eine ganz normale Liebe sein, oder täusche ich mich da? Oder man hört ja auch häufiger davon, dass manche Frauen die Männer nur wegen ihres Geldes und nicht aus Liebe heiraten. Was soll das für eine Beziehung sein? Da sorgt Geld dann schon dafür, dass es eine verkorkste Beziehung gibt», sagt Stefan mit Blick auf den Zeitungsständer mit den vielen bunten Klatschheften.

Tobias muss bei diesem Beispiel grinsen und sagt: «Das ist die absolute Ausnahme, dass zum Beispiel ein fünfzigjähriger Mann mit einer zwanzigjährigen Frau zusammen ist. Genau diese Ausnahmefälle werden dann allerdings von den Medien ausgeschlachtet bis zum Gehtnichtmehr. Eine ‚normale' Beziehung ist einfach nicht so interessant. In unserer Welt zeigt in gewisser Weise das Geld den Status eines Mannes an, was bei der Partnerwahl durchaus für viele Frauen relevant ist. So werden dann vielleicht auch jüngere Frauen auf ältere Männer aufmerksam und würden diese auch ohne Liebe heiraten.

Letzten Endes gehören zu einer Beziehung auch grundsätzlich zwei Menschen, sodass der Mann sich auch für die Frau entscheiden muss. Wenn er dann nicht erkennt, dass die Frau nur auf sein Geld aus ist, kann es zu einer verkorksten Beziehung kommen. Allerdings kannst du auch ohne großes Vermögen in eine unglückliche Beziehung kommen. Dein Vermögen schützt dich also weder vor einer unglücklichen Beziehung, noch führt es zwangsläufig zu einer solchen.

Meiner Meinung nach sind allerdings viel mehr Menschen ohne viel Geld in unglücklichen Beziehungen als andersherum. Wegen den Geschlechterrollen ist in der Vergangenheit zum Beispiel häufig die Frau zu Hause geblieben, sodass sie vom Einkommen und Geld des Partners vollkommen abhängig war. Ohne Vermögen und die nötigen Qualifikationen, um am Arbeitsmarkt genügend Geld für den Lebensunterhalt zu verdienen, bleiben Frauen leider in vielen Fällen ausschließlich aus Geldgründen in einer unglücklichen Beziehung. Dein Vermögen kann es dir daher auch ermöglichen, aus einer solchen Situation auszubrechen und etwas im Leben zu verändern.

Das Problem ist den meisten allerdings nicht so stark bewusst, weil daraus schlecht eine Schlagzeile formuliert werden kann, die darauf aufmerksam machen könnte. Das Außergewöhnliche und Besondere wird viel eher zu einer Schlagzeile als ein tiefes, gesellschaftliches und soziales Problem. Viel spannender ist es, wenn vor Gericht bei einer Scheidung um Millionen gekämpft wird, als wenn eine Frau nach der Scheidung von Hartz IV leben muss.»

Stefan antwortet: «Das hört sich auf jeden Fall logisch an. So habe ich das noch nie betrachtet. Ich hätte allerdings noch eine andere Frage an dich: Wie sieht es denn mit der Gesundheit der

Reichen aus? Es gibt doch so viele Manager und Vorstände, die durch die ganze Arbeit in den Burn-out getrieben werden oder körperliche Beschwerden bekommen. Ich möchte letztendlich gesund bleiben und meine Gesundheit nicht für den Reichtum aufopfern. Das wäre es mir auf keinen Fall wert.»

«Du hast deine Frage indirekt schon selbst beantwortet. Das Gesundheitsargument wird von vielen Armen dazu missbraucht, um sich mit den eigenen Finanzen nicht auseinandersetzen zu müssen, da die Reichen es sowieso schlecht haben. Dabei ist es für jeden eine persönliche Entscheidung, wie viel Wert auf die eigene Gesundheit gelegt wird. Zu einem gesunden Leben gehört eine ausgewogene Ernährung, ausreichend Bewegung und eine gute ärztliche Versorgung bei Krankheiten. In der Tat gibt es auch vermögende Menschen, die nicht so sehr auf ihre Gesundheit achten und dem Geld eine höhere Priorität einräumen. Das Gleiche gilt allerdings auch, wenn du weniger Geld hast oder deinen Fokus nicht auf deine Karriere legst. Auch in diesem Fall kannst du deine Gesundheit vernachlässigen und bevorzugt ungesundes Essen in dich reinschaufeln, dazu musst du nicht erst reich sein.

Es ist auch kein Widerspruch, vermögend zu werden und gleichzeitig ein gutes und gesundes Leben zu führen. Im Gegenteil wird es sogar leichter, wenn du vermögender wirst. Du kannst viel eher unbeliebte Tätigkeiten aufgeben, deine persönliche Zeit freier einteilen und noch mehr Zeit in deine Gesundheit investieren.

Zudem kenne ich auch viele Angestellte, die nach einer Krankheit viel zu früh wieder in den Beruf eingestiegen sind, weil sie auf das Geld angewiesen waren oder Angst vor einem Jobverlust hatten. Ich kenne auch ganz viele ärmere Leute, die sich keine gute medizinische Versorgung leisten oder nur nach und nach das Geld für wichtige ärztliche Behandlungen zusammensparen können.

Zudem führen ein Mangel an Geld und daraus resultierende Probleme auch zu psychischen Belastungen, die nicht zu unterschätzen sind. Seitdem ich mich nicht mehr darum sorgen muss, wie genug Geld hereinkommt oder was ich mir eigentlich leisten kann, bin ich viel entspannter und gelassener.

Sir Alec Guinness hat dieses Problem meiner Meinung nach sehr gut auf den Punkt gebracht: ‚Nichts beschleunigt die Genesung so sehr wie regelmäßige Arztrechnungen.'

Wenn ich kein Geld habe oder stark auf das Geld achten muss, kann das meine Gesundheit drastisch verschlechtern. In dem Fall kann ich dann nicht die bestmögliche, sondern nur die preisgünstigste Behandlung bezahlen. Oder ich gehe wieder viel zu früh zurück in den Beruf und gefährde dadurch meine Gesundheit. Ich finde das sehr schade für die Menschen, aber es ist leider so», erklärt Tobias mit trauriger Miene.

Nach kurzer Pause sagt Stefan: «Ich verstehe, dass es viel mit den eigenen Prioritäten zu tun hat und dass ich mir mit mehr Geld auch eine bessere medizinische Versorgung leisten kann. Aber die viel größere Frage wäre meiner Meinung nach, ob die Reichen genug Zeit haben, um sich darum zu kümmern. Schließlich müssen viele in den Unternehmensspitzen 60-70 Stunden oder noch mehr in der Woche arbeiten. Da bleibt letzten Endes nicht mehr sehr viel Zeit übrig, um sich um die eigene Gesundheit zu kümmern. Geld hin oder her. Und genau dieses Arbeitspensum sorgt häufig ja auch erst dafür, dass die Leute krank werden und dann anhaltende gesundheitliche Probleme haben.»

Bei Stefans Beschreibung leuchten Tobias Augen auf. Er antwortet voller Elan: «Ah, jetzt verstehe ich, wo dein Problem liegt. Ich hatte gar nicht mehr daran gedacht, dass du ja das medial dargestellte Bild von den Reichen hast. Die allermeisten Vorstände und Geschäftsführer sind nicht reich, weil sie genauso wie die Mittelschicht ihr ganzes Geld wieder ausgeben und kein Vermögen aufbauen. Es macht bei den meisten Angestellten keinen Unterschied, ob sie 2.000 Euro oder 20.000 Euro im Monat verdienen. Es wird in der Regel alles ausgegeben oder es werden sogar noch darüber hinaus Schulden aufgenommen. Du brauchst dir ja nur mal anzuschauen, wie viele Menschen ein teures Auto fahren, das sie sich eigentlich nicht leisten können. Die meisten schauen beim Autokauf nur darauf, wie hoch die monatliche Kreditrate maximal sein darf, und verplanen auf diese Weise ihr gesamtes Einkommen.

Ich habe selbst schon etliche Geschäftsführer und Vorstände mit einem Einkommen von weit über 20.000 Euro im Monat getroffen, die Geldprobleme haben und mit ihrem Geld nicht auskommen. Du wirst es dir wahrscheinlich kaum vorstellen können, wie man mit diesem Einkommen Geldprobleme haben soll, aber da gibt es wirklich viele. Reichtum ist keine Frage des Einkommens, sondern eine Frage der Einstellung. Selbst Angestellte mit Millioneneinkommen können pleitegehen. Da brauchst du dir ja nur die Sportszene oder viele Schauspieler anzuschauen.

Aber du hast vollkommen recht mit deiner Beobachtung, was die Gesundheit angeht. Viele Vorstände oder Angestellte in hohen Führungspositionen werden durch den Beruf gesundheitlich außerordentlich belastet oder kriegen dadurch größere gesundheitliche Probleme. Mit einem hohen Vermögen wärst du nicht darauf angewiesen, das ganze Spiel mitzumachen, und könntest viel leichter einen anderen Job suchen oder sogar ganz mit dem Arbeiten aufhören.

Wenn du dir die richtig vermögenden Menschen anschaust, dann wirst du kaum einen in solch einem Job wiederfinden. Die meisten haben ihr eigenes Unternehmen oder sind selbstständig und haben Mitarbeiter oder verwalten nur noch ihr eigenes Vermögen. In einer Selbstständigkeit und bei der Verwaltung des eigenen Vermögens kannst du Teile der Arbeit an Angestellte delegieren und dadurch dein Arbeitspensum steuern. Vorausgesetzt natürlich, du verdienst mit dem Geschäft genug Geld und kannst es dir leisten, weitere Mitarbeiter einzustellen. Die richtig Reichen haben also viel mehr Zeit oder können sich diese viel freier einteilen, haben mehr Möglichkeiten, auf den eigenen

Körper zu hören und Auszeiten zu gestalten, können sich die besten medizinischen Behandlungen leisten und werden nicht mehr durch mangelndes Geld gestresst.»

Mit einem Lächeln sagt Tobias abschließend: «Es hat schon seine Vorteile, vermögend zu sein.»

«Das kann ich mir mittlerweile durchaus vorstellen. Ich merke jetzt, nach der Abzahlung meines Autokredits, schon die positiven Folgen, da ich jeden Monat mehr Geld zur Verfügung habe als zuvor. Bereits jetzt könnte ich deutlich entspannter auf eine kaputte Waschmaschine oder höhere Arztrechnungen reagieren.

Langsam verstehe ich auch, warum die meisten Menschen nicht wirklich reich werden wollen. Bei diesen ganzen Blockaden und negativen Einstellungen zu reichen Menschen ist das wirklich kein Wunder. Mir war das in dem Ausmaß bis gerade eben auch noch nicht bewusst. Lass mich meine neu gewonnenen Erkenntnisse noch mal kurz zusammenfassen: Die meisten werden als Unternehmer oder Selbstständig vermögend. Selbst hochrangige Angestellte mit Spitzeneinkommen haben häufig kein großes Vermögen. Erst durch das Tragen des Risikos und das Bereitstellen des eigenen Kapitals können Arbeitsplätze geschaffen werden. Ohne Arbeitgeber gäbe es auch keine Möglichkeiten, als Angestellter zu arbeiten. Das Unternehmen verdient ausschließlich Geld, wenn es den Kunden in Form von Produkten einen so großen Mehrwert bietet, dass die Kunden sich freiwillig für das Produkt entscheiden. Der Unternehmer kann nur das behalten, was nach Abzug von Gehältern, Kosten und Steuern übrigbleibt. Ein größeres Vermögen beeinträchtigt nicht die Beziehungen zu anderen Menschen. Das Geld macht nur die unterschiedlichen Werte sichtbar, sodass es dann zu Streitereien über die Verwendung des Geldes kommen kann. Die Reichen haben die Möglichkeit, ihre eigene Zeit nach Belieben einzuteilen, auf ihre Gesundheit zu achten und sich teurere Behandlungen zu leisten. Auch der Stress durch Geldprobleme fällt weg.

Wenn ich das alles so beschreibe, bekomme ich richtig Lust, auch vermögend zu werden. Wahnsinn, dass ich ein so falsches Bild von den Reichen hatte und mich daher unbewusst nie um mein Geld kümmern wollte. Es bringt einem letzten Endes ja auch niemand bei, wie man mit seinem Geld umgehen sollte.»

«Genauso ist es. In der Schule wird das ganze Thema nicht vermittelt, weil die Lehrer sich einfach, genau wie der Großteil der Bevölkerung, nicht damit auskennen und auch die meisten Eltern haben keine Ahnung davon. Es freut mich wirklich zu hören, dass du meinen Erklärungen folgen konntest und jetzt Reiche, wie mich, nicht mehr so negativ siehst.

Ich höre aus deiner Beschreibung heraus, dass du keine Schulden mehr hast. In diesem Fall ist der nächste Schritt, einen Notfallfonds aufzubauen. Dieser sollte so zwischen sechs bis zwölf Monatsgehälter umfassen und auf einem separaten Tagesgeld- oder Sparkonto gehalten werden. Das Geld ist dafür da, Notfälle wie eine kaputte Waschmaschine, Reparaturen am Haus oder ein kaputtes Auto abfangen zu können.

Der wichtigste Punkt ist allerdings, dass du mit dem Geld im Falle einer Arbeitslosigkeit ganz entspannt auf Jobsuche gehen kannst und nicht so schnell Geldprobleme haben wirst. Es ist dann viel entspannter bei Vorstellungsgesprächen und du musst nicht den erstbesten Job annehmen», antwortet Tobias darauf.

«Das hört sich für mich wirklich schlüssig an mit dem Notfallfonds. Ich war während der letzten Wirtschaftskrise auch für kurze Zeit arbeitslos und musste mich dann sofort an die Agentur für Arbeit wenden, weil ich auf das Geld angewiesen war. In gewisser Weise hat die Agentur dann ja auch Macht über mich und kann beeinflussen, wie ich mich verhalten muss, wie ich an einen neuen Job komme und welchen Job ich annehmen muss.

Mit einem solchen Notfallfonds hätte ich deutlich weniger Stress gehabt und hätte die Jobsuche auch anders gestalten können. Um den Aufbau dieses Polsters werde ich mich die nächsten Monate kümmern. Ich denke, sechs Monatsgehälter sollten vollkommen reichen, weil ich kein Auto mehr habe, zur Miete wohne und ich auch nicht mehr mein gesamtes Einkommen ausgebe. Mit sechs Monatsgehältern könnte ich ohne Probleme zehn Monate rumkriegen. Was meinst du dazu?», fragt Stefan.

Tobias nickt und antwortet: «Richtig, das ist eine ganz individuelle Sache und sollte anhand der eigenen Finanzsituation und dem eigenen Sicherheitsbedürfnis festgelegt werden.

Letzten Endes ist jede Form der Rücklage besser als ein leeres Konto. Leider sind die meisten zu stark auf ihr Einkommen angewiesen, als dass sie auch nur einen einzigen Monat ohne Einkommen überbrücken könnten. Das führt dann schnell zu großem Stress, wenn mal etwas Größeres passiert und eine unerwartete Rechnung hereinkommt.

Ich denke, wir sollten unser Gespräch für heute beenden. Wir können dann nächste Woche wieder weiterreden. Viel Erfolg bei der Umsetzung!»

Tobias verabschiedet sich von Stefan und geht wieder zurück nach draußen, in den immer noch andauernden Regen. Als er seinen Schirm aufspannt, muss Stefan zwangsläufig an das gerade Besprochene denken. Der Notfallfonds ist quasi wie ein Regenschirm: bei tollem Wetter und strahlendem Sonnenschein ziemlich unnötig, doch bei schlechtem Wetter ein wahrer Segen und unglaublich wertvoll.

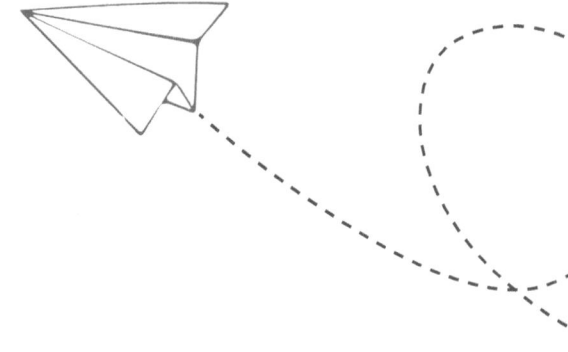

Reichtum ist gut für die Gesellschaft

Tuuut. Tuuut. Tuuut.

«Ah, hallo Stefan. Wie kann ich dir weiterhelfen?», fragt Tobias am Telefon.

«Hallo Tobias. Durch unser letztes Gespräch hat sich wirklich viel an meinem Denken in Bezug auf reiche Menschen geändert und deshalb habe ich mich mit einem meiner besten Freunde heute länger über das Thema unterhalten. Er hat mir eigentlich bei fast allen Punkten widersprochen und hat meine Aufmerksamkeit noch auf einen weiteren Punkt gelenkt.

So ist er der Meinung, dass Reichtum an sich unmoralisch ist und es ja irgendwie nicht sein kann, dass auf der einen Seite der Welt Menschen verhungern, während andere Menschen Vermögen anhäufen. Dieses Argument ist für mich irgendwie schlüssig und ich wusste auch nicht, was ich ihm darauf entgegnen soll. Schließlich hat er schon irgendwie damit Recht», sagt Stefan etwas unschlüssig.

«Ui, die Moralkeule. Dann muss dein Freund schon ziemlich verzweifelt gewesen sein. Auf Moralfragen gibt es nämlich keine Antworten, die diese komplett aufheben. Wenn ich es aus ökologischen Gründen moralisch für unvertretbar halte, ein Auto zu benutzen, kann ich kaum durch andere Menschen vom Gegenteil überzeugt werden. Auch wenn es vielleicht sogar gute und nachweisbare Gründe gibt, dass ein Auto ökologisch die sinnvollste Wahl ist.

Deswegen wird die Moral gerne dann angeführt, wenn die Menschen nicht mehr bereit sind zu diskutieren oder Angst davor haben, ihre eigene Weltansicht infrage stellen zu müssen. Ich kann deswegen seine Sichtweise nicht komplett ausräumen. Vielleicht hilft es dir ja, wenn ich mal meine Sichtweise zu dem Thema schildere.

Punkt 1: Ich glaube, ein Teil seiner Denkweise ist darauf zurückzuführen, dass er der Meinung ist, dass die Reichen ihr Geld nur ungenutzt auf dem Konto herumliegen lassen, es wenn nur für sich nutzen und keinen Mehrwert für die Menschen erbringen. Dabei wird der Großteil des Vermögens von Reichen dazu verwendet, Unternehmen zu finanzieren, Arbeitsplätze zu schaffen und Mehrwerte durch Produkte zu kreieren. Das Kapital ist also in den meisten Fällen in Unternehmen gebunden und Anteile an dem Unternehmen müssten verkauft werden, damit das Geld gespendet werden kann. Zudem stünde es danach der eigenen Wirtschaft nicht mehr zur Verfügung, um einen Mehrwert zu schaffen. Das sollte bei der Debatte berücksichtigt werden.

Punkt 2: Außerdem glauben die meisten Menschen, dass die Probleme in den armen Ländern alleine durch Geldspenden gelöst werden könnten. So als müssten die Industrieländer nur genug Geld an diese Länder überweisen und dann wären auf einmal alle Probleme bewältigt. Wenn die Lösung wirklich so einfach wäre, dann hätte die Menschheit es schon längst so gehandhabt. Ein viel größeres Problem ist, dass die armen Länder häufig kein funktionierendes Staats- und Rechtssystem haben und nicht an der Wirtschaft partizipieren können.

Wohlstand entsteht in einer Gesellschaft nämlich dadurch, dass die Menschen an der Wirtschaft teilnehmen und ihr Wissen einbringen können. Solange in den Ländern allerdings kein freier Markt herrscht, das politische System durch Korruption dominiert wird und die sonstigen Rahmenbedingungen nicht passen, wird weiteres Geld in Form von Spenden die Probleme nicht lösen. Ich halte es sogar, im Sinne der gesamten Weltwirtschaft, für sehr bedenklich, Gelder in Systeme zu investieren, in denen das Geld letztendlich nur versickert und die Bevölkerung kaum davon profitiert.

Punkt 3: Was bedeutet eigentlich für deinen Freund Reichtum? Ab wann solltest du dein hart erarbeitetes Geld an arme Menschen spenden und wann ist es okay, es zu behalten? Ich wette, er wird sich selbst nicht als reich ansehen und nur von den anderen vermögenderen Menschen verlangen, dass sie ihr Geld spenden sollen. In gewisser Weise ist das auch eine Form der Arroganz. Nach dem Motto: «Also ich bin ein guter Mensch und würde mit mehr Geld auch ganz viel spenden. Deshalb sollen die Reichen mal ihr Geld abgeben.» Es ist indirekt also auch eine Form des Neides auf die Reichen.

Meine Antwort darauf ist: Jeder in Deutschland ist unglaublich reich und kann, wenn er es wirklich will, Geld an Ärmere spenden. Die meisten werden das nicht gerne hören, aber es entspricht einfach nur den Fakten. Nach der Definition der Weltbank ist ein Mensch absolut arm, wenn er weniger als 1,90 US-Dollar pro Tag zur Verfügung hat[1], um sein Leben zu bestreiten. Selbst als ‚armer' Hartz IV-Empfänger hast du ein Vielfaches davon zur Verfügung. Als schlecht bezahlter Arbeitnehmer kannst du schnell das 50-fache jeden Monat zur Verfügung haben.

Die Ärmsten in unserem Land haben ein Dach über dem Kopf, fließendes Wasser und können sich sogar einen Fernseher oder anderen Luxus leisten. Um etwas spenden zu können, müsstest du dann natürlich auch Geld sparen und deinen Lebensstil herunterfahren. Eventuell auf ein Auto verzichten, weniger Geld für Restaurantbesuche ausgeben oder ein paar Stunden zusätzlich arbeiten. Dazu sind die allermeisten dann nicht mehr bereit.

Da ist es natürlich viel bequemer, auf die Reichen zu schimpfen, dass sie nicht genug für ihr Geld leisten würden und ihr Reichtum etwas Unmoralisches sei. Der eigene Reichtum wird dabei einfach mal schlicht ausgeblendet und ignoriert.

---

[1] Aktion Deutschland hilft, Armut: Was ist das eigentlich? in: www.aktion-deutschland-hilft.de, 01/2020, https://www.aktion-deutschland-hilft.de/de/fachthemen/armut/armut-was-ist-das-eigentlich/, letzter Zugriff: 07.03.2022

Punkt 4: Wir hatten beim letzten Mal ja intensiver darüber gesprochen, wie die Reichen zu ihrem Vermögen kommen. Ich glaube, die meisten sehen Reichtum einfach als etwas Unmoralisches an, weil sie denken, du müsstest dafür Menschen ausbeuten, über den Tisch ziehen oder auf andere Weise verwerflich handeln. Das bestärkt noch einmal die Sichtweise der Menschen. Ich brauche dir jetzt ja nicht mehr zu erklären, warum das ein Mythos ist.

Punkt 5: Die ganzen Punkte davor hören sich alle ein wenig so an, als sei Spenden etwas Negatives. Ich wollte dir aber nur zeigen, dass es dabei auch Nachteile und viel Unwissen gibt. Meiner Meinung nach sollte eine so reiche Gesellschaft, wie wir es definitiv sind, etwas für ärmere Menschen tun und gegen den Hunger kämpfen. Dabei sollte allerdings berücksichtigt werden, wie effektiv es ist, jetzt sofort sein Geld zu spenden.

So habe ich beim Aufbau meines Unternehmens nur sehr wenig Geld gespendet, weil ich alles wieder in das Unternehmen reinvestiert habe und dadurch mein Geld rasant vermehren konnte. Zu Beginn meiner Unternehmenszeit hätte ich maximal 500 Euro im Monat spenden können und jetzt nach dem Unternehmensverkauf und der Investition des Geldes kann ich ohne Probleme 5.000 Euro im Monat spenden. Das ist allerdings nur möglich, weil ich damals das Geld in mein Unternehmen reinvestiert und nicht gespendet habe. Zudem konnte ich durch den Verkauf meines Unternehmens auch eine eigene Wohltätigkeitsstiftung gründen, die auch nach meinem Tod in Entwicklungsländern gute Projekte vorantreiben kann.

Um etwas in der Welt bewegen zu können, brauchst du dauerhaft viel Geld. Ohne regelmäßige Spenden kannst du zwar schön herumreden und tolle Ideen für mögliche Projekte haben, allerdings können diese so nie verwirklicht werden. Daher ist es viel effektiver, wenn Menschen sich erst einmal ein gewisses Vermögen aufbauen und sicherstellen, dass der Geldzufluss regelmäßig hoch ist, bevor sie anfangen, große Summen zu spenden. Die wenigsten sind allerdings bereit dazu, viel zu arbeiten, Risiken auf sich zu nehmen, ein Unternehmen aufzubauen und danach einen Großteil des eigenen Vermögens zu spenden.

Ein gutes Beispiel ist meiner Meinung nach Warren Buffet. Den Großteil seines Lebens hat er damit verbracht, sein Geld zu investieren und die größte Investmentgesellschaft der Welt aufzubauen. Durch sein großes Vermögen kann er mittlerweile im Jahr eine Milliarde Dollar spenden und dadurch sehr viel bewegen. Wenn er bereits bei Erreichen der ersten Milliarde seine Erträge gespendet hätte, wären deutlich geringere Summen zusammengekommen und er hätte insgesamt wahrscheinlich nicht mal eine Milliarde spenden können. Er kann heute also nur deshalb so viel auf der Welt bewegen, weil er sein Geld in früheren Jahren nicht gespendet und sich zuerst auf den Vermögensaufbau konzentriert hat. Aus diesen Gründen finde ich es also zumindest sehr fragwürdig, Reichtum grundsätzlich als etwas Unmoralisches darzustellen», sagt Tobias abschließend.

Kurze Zeit herrscht Schweigen am Telefon. Stefan hat Tobias die ganze Zeit über gespannt zugehört und versucht, seine Sichtweise zu verstehen. Mit dieser hat er teilweise noch Probleme, weswegen er erwidert: «Das sind wirklich viele Punkte, die ich vorher nicht wirklich im Kopf hatte. Aber ist das in gewisser Weise nicht egoistisch, wenn ich die ganze Zeit das Geld reinvestiere und dann erst mein Geld spende, wenn ich ein großes Vermögen aufgebaut habe? Ich verstehe ja deinen Punkt, dass jeder in Deutschland schon ziemlich vermögend ist und wir das hier nur nicht als reich ansehen. Für uns ist es so normal, ein Dach über dem Kopf zu haben und uns genug Essen leisten zu können, dass uns der Luxus gar nicht bewusst ist. Machst du es dir mit den Beispielen von Warren Buffet und dir selbst nicht etwas zu leicht?»

Tobias antwortet überraschenderweise: «Da hast du vollkommen recht. Ich hätte schließlich mein Unternehmen auch in den Sand setzen können und dann hätte ich überhaupt kein Geld gespendet. Oder ich hätte während des Aufbaus meines Unternehmens bereits anfangen können, kleinere Summen zu spenden und das dann langsam steigern können.

Ich wollte dir einfach nur mit meinen Argumenten zeigen, dass es in Wirklichkeit nicht so leicht ist und nicht nur eine Seite recht hat. In gewisser Weise hat dein Freund recht, dass manche Reichen das Geld schlecht verwenden und mehr spenden sollten, und in gewisser Weise habe ich recht, dass es sinnvoller sein kann, zuerst das Geld zu investieren, um dann später mehr spenden zu können.

Ich kann es allerdings überhaupt nicht haben, wenn jemand mit seiner Moral kommt und diese Sichtweise anderen Menschen überstülpt. So könnte ich aus meiner Sicht ja auch sagen, dass sein Verhalten unmoralisch ist, weil er gar nichts spendet oder keine großen Werte für die Wirtschaft stiftet.

Meiner Meinung nach führen solche Moraldebatten nur dazu, dass sich Menschen schlecht fühlen und dann Dinge tun, die sie eigentlich gar nicht tun wollen. Einzelne Gruppen haben aus ihrem eigenen Werteverständnis heraus in der Vergangenheit viel zu oft eine Moral etabliert, nach der sich alle richten sollten. Ein gutes Beispiel hierfür ist die katholische Kirche. Selbst heute, im 21. Jahrhundert, musst du als Angestellter bei der katholischen Kirche (z. B. als Lehrer oder Kindergärtner) bei einer Scheidung und neuen Heirat mit Nachteilen im Beruf rechnen.

Als die moralischen Verbote der Kirche noch stärker waren, sind auch viele anderen Menschen lieber unglücklich zusammengeblieben, anstatt sich zu trennen und ein glücklicheres Leben mit einem andere Partner zu führen.

Das lässt sich auf die Sichtweise deines Freundes übertragen. Wenn du dich durch die Sichtweise ‚Reichtum ist unmoralisch' davon abhalten lässt, vermögender zu werden, wirst du dich wahrscheinlich den Rest deines Lebens darüber ärgern und unglücklich sein. Diese Sichtweise schadet dir allerdings auch, wenn du vermögend wirst und andauernd das Gefühl hast, deswegen ein schlechterer Mensch zu sein. Leider ist Reichtum in Deutschland ziemlich negativ behaftet und die meisten würden, wie wir es vor Kurzem besprochen haben, die Reichen lieber im Gefängnis sehen.

Ich muss einfach damit leben, dass die meisten Menschen von mir ein schlechtes Bild haben, ohne sich je mit mir, meiner Situation und meinen Ansichten beschäftigt zu haben.»

«Mit deinen Beispielen wird schon viel klarer, was du mit der Moral meinst und wieso du sie als etwas Schlechtes ansiehst. Ich kenne auch ein Elternpaar, das nur wegen der Kinder zusammenbleibt und an sich eigentlich sehr unglücklich ist.

In unserer Gesellschaft gibt es ja die Vorstellung, dass es besser ist, wenn die Kinder in einer Familie aufwachsen und nicht nur bei einem Elternteil. Ich glaube, es kann auch das Gegenteil der Fall sein, wenn genau diese Situation die Eltern unglücklich macht und sich die schlechte Laune und ständigen Streitereien auf die Kinder auswirken. Dann wäre es die bessere Alternative, sich zu trennen.

Aber eine Sache würde mich noch mal interessieren: Ist die gesellschaftliche Moral nicht in gewisser Weise auch notwendig, damit die Menschen nicht zu egoistisch werden? Wenn jeder nur noch an sich selbst denkt und nichts mehr für andere Menschen tut, geht unsere Welt doch vor die Hunde. Genau dafür sind doch unsere moralischen Werte da, damit sich Menschen auch um andere kümmern und nicht nur an sich selbst denken», sagt Stefan mit nachdenklicher Miene.

Tobias lacht laut los und antwortet darauf mysteriös: «Egoismus ist der größte und schlimmste Vorwurf der Neider und Erfolglosen gegenüber Reichen und erfolgreichen Menschen.

Ich glaube, es wird Zeit, dass ich dir mal meine persönliche Geschichte erzähle: Vor vielen Jahren habe ich meine

Ausbildung als Krankenpfleger absolviert und einige Jahre in dem Beruf gearbeitet. Im Alter von 24 Jahren wurde mein Sohn geboren und meine Frau verstarb bei der Geburt. Ich stand also als alleinerziehender junger Vater da und hatte einen sehr anstrengenden und nicht gerade gut bezahlten Job. Damals habe ich für mich die Entscheidung getroffen, dass ich richtig vermögend werden möchte und endlich einen Beruf ausüben will, der mich wirklich erfüllt und mir Spaß macht. In meinem normalen Angestelltenjob hatte ich schon längst keinen Spaß mehr. Ich saß nur noch die Stunden ab und zählte die Tage bis zum Wochenende. Die Tatsache, dass ich jetzt einen Sohn hatte, motivierte mich, dass ich einfach versuchen musste, finanziell alles auf die Kette zu kriegen und Vollgas zu geben.

Ich habe damals einen großen Fehler begangen, indem ich meinen Kollegen mitgeteilte habe, dass ich mit 30 Jahren nicht mehr darauf angewiesen sein würde, arbeiten zu müssen. Alle haben mich ausgelacht, es für irrsinnig erklärt oder gemeint, dass das ganz schön egoistisch sei.

Ich fing genauso wie du an, meine Finanzen in Ordnung zu bringen, meine Ausgaben radikal zu reduzieren und Schulden zurückzuzahlen. Neben meinem anstrengenden Job fing ich zuerst an, online mit physischen Produkten zu handeln, versuchte, für andere Texte zu erstellen oder mir noch mit anderen Tätigkeiten etwas hinzuzuverdienen.

Nach dem ersten Jahr hatte ich hunderte Stunden investiert und keinen einzigen Euro dadurch verdient. Ich hinterfragte meine Ansätze, Geld zu verdienen, und ließ mich von einem Unternehmens-Coach für mehrere tausend Euro, was damals für mich unglaublich viel Geld war, weiterbilden, sodass ich die wichtigsten Grundlagen zum Aufbau eines Unternehmens erlernte.

Dabei habe ich unter anderem gelernt, dass du mit deinem Produkt eine Nische finden musst, mit der du deinen Kunden einen großen und einzigartigen Mehrwert bieten kannst. Bei der

Arbeit ist mir aufgefallen, dass die Abrechnungssysteme ziemlich ineffizient waren und größtenteils noch handschriftlich erstellt wurden. Ich baute dann ein IT-Unternehmen auf, welches sich auf die Optimierung dieser Prozesse spezialisierte und hierfür eine Software entwickelte.

Es wurde relativ schnell erfolgreich und ich konnte meinen Job kündigen, kurz darauf die ersten Mitarbeiter einstellen und mein Unternehmen vor Kurzem für einen guten achtstelligen Betrag verkaufen. Zu dem Zeitpunkt hatten wir insgesamt 25 Mitarbeiter und hohe achtstellige Jahresumsätze.

Während dieser Zeit ist mir etwas aufgefallen: Je erfolgreicher ich wurde, desto mehr wurde ich als Egoist bezeichnet bzw. beschimpft. Ich würde ja nur an mich denken, nur das machen wollen, was mir Spaß macht und vor allem viel mehr Geld verdienen als viele andere. Das sei doch alles viel zu egoistisch und ich hätte meinen Fokus nur auf mich selbst gerichtet.

Aus meiner Sicht ist es allerdings die Pflicht des Menschen, egoistisch zu sein. Wäre ich damals nämlich nicht egoistisch gewesen, hätte ich keine 25 Arbeitsplätze geschaffen, könnte ich heute nicht so viel für die Gesellschaft tun und hätte auch nicht die Zeit und das Wissen, dich zu coachen.

Hätte ich auf die Gesellschaft gehört und wäre in meinem Job geblieben, wäre ich immer noch unglücklich und könnte nicht so viel Zeit mit meinem Sohn verbringen. Niemand leistet herausragende Arbeit, wenn er seinen Job nicht mit Leidenschaft ausübt und der Job zusätzlich nicht den eigenen Stärken entspricht. Schreib dir das am besten auf!

Egoistisch ist es meiner Meinung nach, den gesellschaftlichen Erwartungen gerecht werden zu wollen und das zu tun, was andere für sinnvoll halten. Egoistisch daher, weil du dich dadurch zwingst, Dinge zu tun, die du eigentlich nicht tun willst, nur um nicht anzuecken oder aus Angst. Erst wenn du zu 100 Prozent deinen eigenen Zielen folgst und deine eigenen Stärken im Beruf einsetzen kannst, wirst du große positive

Veränderungen in der Welt bewirken können. Und diesen Weg einzuschlagen, ist häufig damit verbunden, dass man von anderen Menschen verurteilt wird, und damit muss man auch erst einmal klarkommen.

Im Sinne der meisten Menschen egoistisch zu handeln, ist also in Wirklichkeit das Altruistischste, was du tun kannst.»

«Wow, deine Geschichte ist wirklich sehr beeindruckend. Ich hatte ja überhaupt keine Ahnung, wo du herkommst und was du bereits alles erlebt hast. Das muss ich erst mal sacken lassen. Alleinerziehend mit kleinem Kind, Vollzeitjob und den demotivierenden Kollegen war es bestimmt ganz schön schwer, motiviert zu bleiben und die eigenen Träume zu verfolgen.

Du hast mir mit den Geschichten wirklich weitergeholfen. Bisher hatte ich andauernd das Gefühl, dass ich zu egoistisch handle, wenn ich meinen eigenen Zielen und Träumen nachgehe. Eigentlich eine blöde Moralvorstellung, wenn ich es mal tiefer durchdenke. Ich freue mich schon auf unser nächstes Treffen!», antwortet Stefan.

«Lass mich noch eine Sache sagen, bevor du auflegst. Für mich war es früher so schwer, weil ich die ganze Zeit darüber nachdachte, ob die anderen vielleicht recht hatten. Ob ich mich vielleicht wirklich zu egoistisch verhalte und lieber etwas anderes machen sollte. Im Nachhinein hört sich das wirklich leichter an, aber meine heutige Sichtweise hat sich auch erst mit den Jahren entwickelt und ich habe deshalb lange unter meinem angeblichen Egoismus gelitten. Das ist das Tückische an der Moral: Du erkennst sie nur sehr schwer als solche und denkst lange Zeit, dass die Kritik berechtigt ist. Ich freue mich, dass ich dir weiterhelfen konnte. Wir sehen uns dann bald wieder», sagt Tobias und legt nach der Verabschiedung auf.

Hör auf zu sparen

Normalerweise treffen sich Tobias und Stefan an öffentlichen Orten wie Cafés, Parks oder irgendwelchen Plätzen. Diesmal hat Stefan darauf bestanden, dass Tobias zu ihm nach Hause kommt und sie sich dort treffen. Tobias hat dem Ganzen zugestimmt, auch wenn er den Grund dafür nicht kennt.

Als er an diesem wunderschönen Samstagvormittag bei Stefan ankommt, bittet Stefan ihn herein und bringt ihn ins Wohnzimmer. Über den ganzen Wohnzimmertisch sind Rechnungen, Quittungen und Kontoauszüge verteilt.

Stefan bemerkt Tobias fragenden Blick und sagt: «Ich habe mich die letzten Monate sehr stark mit meinen Ausgaben auseinandergesetzt und glaube jetzt, nichts mehr sparen zu können. Alle nicht unbedingt notwendigen Ausgaben wie Restaurantbesuche sind gestrichen. Ich habe kein Auto mehr und die meisten Abonnements sind gekündigt. Meine Ausgaben sind so niedrig, wie seit langem nicht mehr. Ich habe gedacht, wir könnten vielleicht noch mal gemeinsam über meine Ausgaben schauen, und du kannst mir sagen, ob ich doch noch irgendwo mehr Geld rausholen kann. Dann käme ich noch schneller finanziell voran.»

Tobias sieht ihn länger an und sagt nach einer kurzen Pause: «Du scheinst für eine der wichtigsten Lektionen, die ich in meinem gesamten Finanzleben gelernt habe, bereit zu sein. Und zwar Folgendes: Ab sofort wirst du nie wieder in deinem Leben Geld sparen. Zudem darfst du die Wörter ‚sparen' und ‚Ausgaben' nicht mehr benutzen.»

Stefan schaut ihn ungläubig an und schreit ihn in seiner Wut förmlich an: «Willst du mich verarschen? Du erzählst mir die ganze Zeit, wie wichtig es ist, zu sparen, und dass das Sparen die Grundlage für finanziellen Erfolg ist, und jetzt willst du mir das wieder ausreden? Das ist doch totaler Schwachsinn! Ich sehe doch, welche Fortschritte ich finanziell durch das Sparen erzielt habe.»

Tobias ist über Stefans kleinen Wutanfall sichtlich amüsiert. Er antwortet ganz gelassen: «99 Prozent der Menschen scheitern an genau diesem Paradox. Du müsstest mittlerweile gemerkt haben, dass es nicht nur eine einzige Wahrheit gibt und dass sich viele meiner Aussagen zumindest auf den ersten Blick widersprechen.

Ich kann dir nur sagen, dass diese Erkenntnis mein Leben von Grund auf verändert hat und ich deshalb seit vielen Jahren kein Geld mehr spare. Lass mich dafür unsere bisherigen Erkenntnisse kurz zusammenfassen: Für finanziellen Fortschritt kann nicht alles Geld für Konsum ausgegeben werden. Ein Teil muss dazu verwendet werden, Rücklagen zu bilden und dann irgendwann Geld in Aktien oder Ähnliches zu investieren. Es gilt also die Regel: Je mehr ich in Aktien, Immobilien etc. investieren kann, desto schneller komme ich finanziell voran.

Daraus schließen die meisten Menschen, dass sie Geld sparen und ihre anderen Ausgaben möglichst gering halten müssen. Daran wäre auch nichts auszusetzen, wenn es im Leben nur um Finanzen gehen würde. Das tut es aber nicht. Insgesamt gibt es für jeden Menschen die folgenden fünf wichtigen Lebensbereiche:

- Finanzen
- Gesundheit
- Beruf
- Beziehungen
- Emotionen/Glück

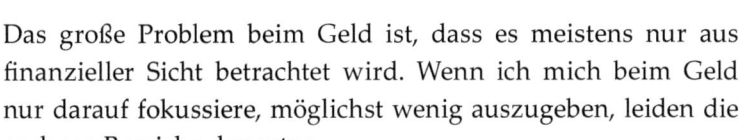

Das große Problem beim Geld ist, dass es meistens nur aus finanzieller Sicht betrachtet wird. Wenn ich mich beim Geld nur darauf fokussiere, möglichst wenig auszugeben, leiden die anderen Bereiche darunter.

Ich habe es bei mir selbst gemerkt, als ich mit meinen Kollegen in ein neu eröffnetes teures Steakhaus gehen wollte. Längere Zeit habe ich mit mir selbst gerungen, weil Ausgaben schließlich etwas Negatives sind und ich diese vollkommen vermeiden wollte. Als ich diese Geschichte meinem Mentor erzählte, hat er mir folgende Lektion beigebracht: ‚Geld wird ausschließlich investiert und niemals ausgegeben. Manchmal sind es nur keine finanziell sinnvollen Investitionen.'

Vielleicht erkläre ich das ganze Mal an einem kleinen Beispiel. So abstrakt ist das wahrscheinlich noch nicht verständlich genug. Ich habe einen Kollegen, der sehr gerne schnelle Sportwagen fährt und deswegen einen Teil seines Geldes in Neuwagen von Porsche investiert. Finanziell gesehen verliert er durch den Wagen jedes Jahr tausende von Euros und hat noch weitere zusätzliche laufende Kosten. Es ist also finanziell gesehen ein sehr schlechtes Investment.

Auf der anderen Seite macht es ihn unglaublich glücklich, weil es sein Hobby ist und er gerne solche Autos fährt. Die Investition hat also eine hohe emotionale und eine schlechte finanzielle Rendite. Rein aus finanzieller Sicht ist es totaler Schwachsinn, sich ein so teures Auto zu kaufen. Schließlich kommst du auch mit einem günstigen Auto für einen Bruchteil der Kosten von A nach B. Aber aus emotionaler Sicht kann es die beste Investition deines Lebens sein.

Und das ist bei den meisten Investitionen der Fall. Wenn es finanziell eine gute Investition ist, kann es in anderen Bereichen ein sehr schlechtes Investment sein. Das ganze Geld nur in Aktien zu investieren und dafür die Investitionen in die eigene Gesundheit, Beziehungen, den Beruf oder das persönliche Glück schleifen zu lassen, ist niemals eine gute Idee.

Jetzt verstehst du vielleicht auch, warum du niemals vom Sparen sprechen solltest. Es birgt die große Gefahr, dass du den Finanzbereich überbetonst und nicht daran denkst, das Geld auch in Erlebnisse oder Konsum zu investieren.»

Deutlich entspannter antwortet Stefan darauf: «Jetzt leuchtet mir ein, wieso ich nicht sparen soll. Indirekt spare ich ja schon noch, aber ich soll es anders nennen, um mich in anderen

Lebensbereichen nicht so eingeschränkt zu fühlen. Ich denke, ich habe in der letzten Zeit vielleicht auch etwas übertrieben und die anderen Lebensbereiche vernachlässigt. Mir war es wichtig, möglichst viel zu sparen, und dafür habe ich auch Investitionen in Ausflüge oder Restaurantbesuche etwas zu stark reduziert. Wieso hast du mir das nicht von Anfang an so erklärt? Dann hätte ich von Anfang an anders gehandelt.»

«Wir sind doch nicht in der Schule. Ich möchte schließlich, dass du die Lektionen behältst und sie nicht wieder direkt vergisst. In der Schule wird dir etwas gesagt, das du auswendig lernen sollst, und dann musst du es irgendwann in der Zukunft in einer Prüfung abrufen. Dieses Wissen benötigst du im echten Leben häufig nie und hast es deswegen auch schnell wieder vergessen.

Hätte ich es dir also zu Beginn erzählt, wäre es für dich eventuell nicht interessant gewesen und du hättest es dir nicht gemerkt. Zudem baut es in gewisser Weise auf der sparsamen Lebensweise auf. Bevor du das Einmaleins nicht beherrschst, brauchen wir nicht mit höherer Mathematik zu beginnen. Wenn ich dir von Anfang an gesagt hätte, dass du bei der Verwendung des Geldes darauf achten sollst, in jedem Lebensbereich sinnvolle Investments zu tätigen, wärst du wahrscheinlich total überfordert gewesen.

Zudem habe ich dir zuerst das Sparen beigebracht, weil dies zu Beginn mit der richtigen Motivation auch keine Einschränkung in den anderen Bereichen bedeutet. Am Anfang fällt es einem in der Regel sehr leicht, die Ausgaben für Mobilität, Kleidung und Freizeitgestaltung zu verringern, ohne das Gefühl von negativen Auswirkungen auf die anderen Lebensbereiche zu haben.

Spannend wird es erst, wenn du an dem Punkt angekommen bist, an dem du merkst, dass die Investitionen in den anderen Bereichen zu stark reduziert wurden. Dann kannst du relativ leicht gegensteuern, wenn du deine Sichtweise auf Ausgaben änderst. Tust du das an diesem Punkt nicht, bist du in einem Zwiespalt.

Es gilt, die richtige Balance zwischen Sparen und sinnvollen Investitionen zu finden. Der Großteil der Menschen achtet überhaupt nicht auf die eigenen Finanzen, aber mehr oder weniger auf die anderen Lebensbereiche. Das Geld wird bei diesen Menschen hauptsächlich für die Befriedigung ihrer Konsumwünsche eingesetzt.

Auf der anderen Seite gibt es auch Menschen, die extrem sparsam sind und die ganzen anderen Lebensbereiche herunterfahren. Zum Teil ist es sogar so schlimm, dass diese Menschen ein schlechtes Gewissen beim Geldausgeben haben. Sie sehen nicht, dass man auch in die anderen Lebensbereiche investieren muss, um glücklich zu sein. Es gilt, die eigene Mitte zwischen vollkommener finanzieller Sorglosigkeit und finanzieller Selbstkasteiung zu finden. Das ist für jeden eine ganz individuelle Sache.

Manche kommen mit 800 Euro im Monat aus und sind damit glücklich. Bei anderen reichen 10.000 Euro im Monat noch längst nicht aus. Meiner Meinung nach kannst du nur ein erfolgreiches und glückliches Leben führen, wenn du ein gutes Verhältnis zu Geld hast.

Also weder alles raushaust, noch das Geld anbetest und die anderen Lebensbereiche dadurch vernachlässigst», erklärt Tobias.

«Da hast du wohl Recht. Zu Beginn konnte ich an vielen Stellen Geld sparen, ohne mich weiter einzuschränken, weil ich mir zum ersten Mal im Leben meine Prioritäten klargemacht habe. Ich muss mich in der nächsten Zeit darauf konzentrieren, das Wort ‚Ausgaben' durch ‚Investition' zu ersetzen.

Mir gefällt diese Denkweise auch sehr gut. Aber wenn ich etwas im Berufsbereich verändere, dann hat das doch auch Auswirkungen auf die Finanzen? Meine Ausgaben, ähm, Investitionen, haben dann doch auch in jedem Fall Auswirkungen auf mehrere Lebensbereiche oder?», fragt Stefan.

Tobias antwortet mit Begeisterung: «Ich sehe, du hast das

Konzept dahinter verstanden. Jede berufliche Veränderung hat Auswirkungen auf alle anderen Bereiche. Die Auswirkungen auf den Finanzbereich sind ja wegen der Änderung des Einkommens offensichtlich. Wenn du in dem neuen Job jetzt 70 Stunden pro Woche arbeitest, hast du vielleicht nicht mehr genug Zeit, zu Hause frisch zu kochen oder Sport zu treiben.

Ein Jobwechsel kann zu einer besseren oder schlechteren Gesundheit führen. Weniger Zeit für den Partner oder die Partnerin zu haben, wird sich wahrscheinlich auch negativ auf die Beziehung auswirken. Auch wenn der Job keinen Spaß macht, wirst du wahrscheinlich mit deutlich schlechterer Laune nach Hause kommen und die negativen Emotionen auf den Partner übertragen. Für das persönliche Glück ist klar, dass die Art der Arbeit einen großen Einfluss auf das eigene Wohlbefinden hat.

Wir können also ganz einfach festhalten, dass sich alle Lebensbereiche gegenseitig beeinflussen. Deswegen bringt es meiner Meinung nach auch nichts, bei Problemen für jeden Lebensbereich einen anderen Experten aufzusuchen. Wir gehen bei einer Krankheit zum Arzt, bei Übergewicht zu einem Fitnesstrainer, bei Beziehungsproblemen zum Paartherapeuten, bei Depressionen oder Ängsten zum Psychologen, bei Schulden zu einem Schuldnerberater und bei der Anlage von Geld zum Finanzberater. Die Spezialisten können die eigenen Probleme allerdings nur lösen, wenn die Ursache auch in dem jeweiligen Bereich liegt.

Ich kenne sehr viele Leute, die durch einen krank machenden Job ihre Gesundheit ruinieren und dann beim Arzt nur Tabletten verschrieben bekommen. Das löst allerdings nicht die Ursache des Problems. Oder ein anderes Beispiel ist, wenn du durch Geldprobleme ganz schlecht und unruhig schläfst und dann wieder zum Arzt gehst. Solange die Geldprobleme bleiben, werden Tabletten nichts an der Situation verändern. Die magische Pille gibt es einfach nicht.»

«Das kann ich nur so unterschreiben. Die meisten Ärzte sind nicht besonders ganzheitlich aufgestellt. Ich bin über ein halbes Jahr mit meinen starken Kopfschmerzen von Arzt zu Arzt getingelt und niemand konnte mir sagen, woher die Schmerzen kommen. Alle haben mir nur irgendwelche Medikamente verschrieben und mich dann wieder nach Hause geschickt. Durch Zufall bin ich schließlich zu einem guten Arzt gekommen, der dann erkannt hat, dass es an meinen Verspannungen im Nacken- und Rückenbereich lag. Ein paar Massagen später waren die schrecklichen Kopfschmerzen weg. Wenn die Ärzte es noch nicht mal schaffen, die einzelnen Bereiche des Körpers miteinander in Verbindung zu bringen, dann werden sie das über die verschiedenen Lebensbereiche hinweg erst recht nicht schaffen», sagt Stefan.

Tobias stemmt die Hände in den Rücken und sagt: «Fang bloß nicht mit den Arztgeschichten an. Da habe ich auch so einiges erlebt. Früher hatte ich über viele Jahre hinweg eigentlich jede Woche starke Rückenschmerzen und keiner der Ärzte konnte mir irgendwie weiterhelfen. Ich bin auch eher zufällig an einen sehr guten Fitnesstrainer gekommen, der mir nach der Schilderung meiner Probleme ein paar Übungen für den Rücken gezeigt hat. Nach kürzester Zeit waren meine Rückenschmerzen komplett weg und sind jetzt seit vielen Jahren nie wieder zurückgekommen.

Genau aus diesem Grund ist es auch so wichtig, zu schauen, wie das eigene Geld verwendet wird. Wenn ich den schlechten Ärzten zum Beispiel mein Geld für ihre Dienstleistungen gebe, unterstütze ich sie schließlich in ihrem Tun. Indem ich kaum noch zu normalen Ärzten und hauptsächlich zu richtig guten Spezialisten gehe, entziehe ich ihnen mein Geld und gebe es den Fachleuten, die ich für gut empfinde.

Der Fitnesstrainer ist zum Beispiel mittlerweile mein Personal Trainer und erhält von mir im Monat knapp 400 Euro. Das ist natürlich eine Stange Geld, aber ich möchte ihn dadurch in seiner Arbeit unterstützen. Ich habe ihn damals zum Beispiel auch gecoacht, sodass er jetzt Vollzeit in diesem Beruf arbeitet. Früher hat er es eher hobbymäßig nebenbei betrieben und konnte dadurch natürlich nicht so einen großen positiven Einfluss auf die Gesundheit anderer Menschen nehmen wie jetzt.

Geld ist allgemein der mächtigste Wahlschein der Welt. Bei unseren Wahlen wählst du eine Partei und kannst dann die nächsten vier Jahre darauf hoffen, dass sie deine Interessen vertritt. Wenn sie das nicht tut, hast du Pech gehabt und kannst nach vier Jahren jemand anderen wählen, in der Hoffnung, dass diese Partei dann mehr von deinen Interessen umsetzt.

Im Gegensatz dazu kannst du mit jedem Geldschein und jeder Kaufentscheidung Produkte, Dienstleistungen, Menschen und bestimmte Organisationen unterstützen oder ‚abwählen'. Das Angebot an vegetarischen und veganen Produkten ist zum Beispiel heute so groß, weil mittlerweile deutlich mehr Menschen für solche Produkte ihr Geld ausgeben wollen. Die Unternehmen wiederum wollen möglichst viel verdienen und passen sich deshalb der Nachfrage an und erschaffen so die Produkte, die die Menschen haben wollen.

Tuen sie es nicht, gehen sie pleite und verschwinden vom Markt. Das Geld wird einfach woanders ausgegeben und dann verliert auch ein ehemals großer Konzern seine Bedeutung. Eigentlich ist es hinlänglich bekannt, dass du mit deinen Kaufentscheidungen großen Druck auf Unternehmen ausüben kannst. Die meisten beschweren sich allerdings lieber beim Staat, dass er jetzt eingreifen und etwas verändern sollte. Dabei liegt die Macht ganz alleine in der Hand des Verbrauchers. Auch ein Milliardenkonzern wie Coca-Cola wäre in kürzester Zeit pleite, wenn keiner mehr seine Produkte kaufen würde. Das wollte ich dir zum Abschluss nur noch mal ins Gedächtnis rufen.»

Stefan antwortet darauf: «Besonders durch das Haushaltsbuch ist mir aufgefallen, in was ich mein Geld investiere. Zu Beginn war es zum Beispiel viel ungesundes Essen unterwegs, unnütze

Abonnements oder andere unnötige Sachen. Ich gehe jetzt schon viel bewusster mit meinem Geld um und schaue, welcher Anbieter mein Geld erhalten soll. Vielen Dank für deine ganzen Hinweise heute. Ich denke, ich konnte gut was mitnehmen, aber lass uns für heute aufhören.»

Stefan geht zu seinem Wohnzimmertisch und schiebt die Rechnungen und Quittungen mit einem zufriedenen Lächeln zusammen. Am Morgen empfand er Ausgaben noch als etwas sehr Schlechtes. Jetzt betrachtet er die zusammengetragenen Belege nicht mehr nur als Hürde auf dem Weg zu seinem Erfolg, sondern vielmehr als notwendige und gute Investitionen in andere wichtige Lebensbereiche. Nachdem er Tobias zur Tür begleitet hat, schaut er auf dem Sofa sitzend den Papierhaufen an und sagt zu sich selbst: «Ich gebe mein Geld nicht aus. Ich investiere das Geld in meine Gesundheit, meine Bildung, mein Glück und eine tolle Zukunft.»

Arbeiten macht Spaß und ist leicht

Seit dem letzten Treffen von Stefan und Tobias ist eine weitere Woche vergangen. Auf der Arbeit hat Stefan viel über Tobias Aussage bezüglich der Berufswahl nachgedacht und ist zu der Erkenntnis gekommen, dass er etwas verändern möchte.

Am Montag ist die Laune bei ihm im Keller, weil eine neue Arbeitswoche beginnt. Bereits am Montagvormittag sehnt er sich den Feierabend und das arbeitsfreie Wochenende herbei und schaut ständig entnervt auf die Uhr. Am Mittwoch schreibt er von der Arbeit aus eine verzweifelte E-Mail an Tobias und bittet ihn um ein weiteres Treffen nach der Arbeit am Freitagnachmittag.

Die Arbeitswoche scheint noch langsamer vorbeizugehen und Stefan ist umso glücklicher, als er am Freitag endlich in den Feierabend gehen kann. Tobias wartet bereits draußen in seinem Wagen, um Stefan abzuholen.

«Na, schöne Woche gehabt?», fragt Tobias enthusiastisch, als Stefan mit seiner miesen Miene zu ihm ins Auto steigt.

Der antwortet daraufhin entnervt: «Haha, sehr witzig. Mein Chef war noch nie so nervig wie diese Woche, ich hatte nur langweilige Routinearbeit zu tun und wegen des aktuellen Wetters war auch nicht besonders viel los. Das heißt, ich habe einen großen Teil meiner Zeit nichts getan und einfach nur auf den Feierabend gewartet. Im Prinzip wie ein Teilzeit-Gefangener.»

Tobias muss bei Stefans Ausführungen zurück an seine eigene Zeit als Angestellter denken. Er antwortet daher mitfühlend: «Das kann ich sehr gut verstehen. Solange der Job nicht aus freien Stücken und mit Begeisterung getan wird, kann er schnell zum Albtraum werden. Das kenne ich auch noch sehr gut aus meiner Zeit als Angestellter, als ich auch immer / oft auf die Uhr geschaut habe, um zu sehen, wann endlich Feierabend ist und ich nach Hause zu meinem Sohn kann.

Ich glaube, diese Woche in deinem Job war nicht viel schlimmer als deine sonstigen Wochen. Vielmehr glaube ich, dass du den Fokus mehr auf die negativen Seiten des Jobs gelegt hast. Dadurch ist dir zum ersten Mal richtig bewusst geworden, was du an deinem Job alles nicht magst. Zudem höre ich aus deinen Beschreibungen heraus, dass du daran etwas ändern möchtest und nicht mehr bereit bist, den Status Quo zu akzeptieren. Ist das richtig?»

Stefan nickt heftig mit dem Kopf, sodass Tobias weiter fortfährt: «Gut. Dann können wir jetzt gemeinsam über deine Zukunft nachdenken. Wir Menschen haben ein uraltes Gehirn, das viele Muster aus der Steinzeit übernommen hat. Das Gehirn mag zum Beispiel keine Veränderung, weil diese in der Steinzeit zum eigenen Tod führen konnte. Erst wenn der Schmerz groß genug ist, sind wir bereit, etwas zu verändern, und das ist bei dir scheinbar der Fall.

Zu Beginn möchte ich eine ganz wichtige Sache festhalten: Jede Arbeit hat positive und negative Seiten. Selbst bei einem Traumjob musst du ab und zu Dinge tun, auf die du absolut keine Lust hast. Dafür gibt es selbst beim vermeintlich schlimmsten Job der Welt ein paar positive Dinge. Und wenn es nur das Einkommen und der geregelte Tagesablauf sind. Wir müssen uns also erst mal anschauen, was dir an deinem Job gefällt und was nicht. Nenn mir mal ein paar Dinge.»

Tobias greift in das Handschuhfach und zieht einen kleinen Notizblock heraus. Er malt in die Mitte einen langen Strich und schreibt auf die eine Seite ein Plus und auf die andere ein Minus. Während er noch am Aufzeichnen ist, fängt Stefan schon an und sagt: «Mich nervt an meinem Job, dass ich so viele Verwaltungstätigkeiten ausüben muss, wie Listen ausfüllen, blöde Statistiken erstellen und Berichte für meinen Chef schreiben. Das ist total unnötig und bringt einfach überhaupt nichts. Ich habe es sogar schon mal gehabt, dass ich mehrere Stunden an so einer blöden Auswertung gearbeitet habe und der Chef es sich dann nur kurz angeschaut und weggeheftet hat.

Zudem mag ich es überhaupt nicht, wenn es überhaupt nichts zu tun gibt und ich nur die Zeit totschlagen muss. Mein Chef scheint es auch gar nicht mitzukriegen, dass ich eigentlich den Großteil der Arbeit bei uns im Büro erledige und schon längst hätte befördert werden müssen.»

Während Stefan spricht, hat Tobias schon einiges notiert. Er fordert Stefan auf: «Sehr gut. Das waren schon mal die negativen Seiten. Jetzt möchte ich wissen, was dir an deinem Job gefällt.»

Stefan schaut länger durch das Autofenster auf das Reisebüro und denkt über Tobias Frage nach. Eigentlich fällt ihm kaum etwas Positives zu seinem Job ein. Irgendwann kommen die ersten Ideen und er sagt zu Tobias: «Ich finde es positiv, Geld für meine Zeit zu erhalten, das ich für mein Leben nutzen kann. Sonst fällt mir eigentlich nur noch eine einzige Sache ein: Ich habe unglaublichen Spaß, wenn ich andere Menschen zu ihrem Urlaub berate und für sie eine tolle Reise organisieren kann. Das ist leider mittlerweile nur noch ein kleiner Teil meiner Arbeit.»

Wortlos gibt Tobias Stefan den Block. Auf der ersten Seite steht zu Stefans Überraschung: «Ich habe bereits vor unserem Treffen die größten negativen Kritikpunkte an deinem Job auf der zweiten Seite dieses Blocks aufgeschrieben.»

Stefan blättert den Block irritiert um und sieht auf der zweiten Seite in großen Buchstaben geschrieben: Sinnlose Arbeit, wenig Anerkennung, mangelnde Abwechslung, zu geringer Lohn.

Tobias startet den Wagen und sagt wegen Stefans irritiertem Blick: «Es sind eigentlich fast immer die gleichen Punkte, die die Menschen an ihrem Job nicht mögen: zu viel Routine, Aufgaben, die eigentlich keinen Sinn ergeben, keine Anerkennung für die eigene Leistung und ein viel zu niedriges Gehalt. Ich finde es wirklich sehr gut, dass du dir die positiven und negativen Seiten deines Jobs bewusst gemacht hast. Jetzt können wir daran arbeiten, die negativen Seiten zu reduzieren, sodass du in deiner Arbeitszeit mehr an Dingen arbeiten kannst, die dir Spaß bereiten.»

Stefan unterbricht ihn und sagt: «Das geht allerdings auch nicht so einfach. Ich kann in meinem Job ja nicht einfach die ganzen anderen nervigen Aufgaben weglassen und mich nur noch mit der Kundenberatung beschäftigen. Das würde mir am besten gefallen, aber da spielt mein Chef einfach nicht mit. Und auch an meinem Gehalt lässt sich nicht mehr viel verändern. Ich kann über eine Gehaltserhöhung von 5 Prozent eigentlich schon froh sein.»

«Wer hat denn gesagt, dass du im Reisebüro angestellt bleiben musst? Oder wer hat gesagt, dass du einen Job als Angestellter haben musst? Du hast bereits eine sehr wichtige Sache erkannt: Als Angestellter gehst du einen Kompromiss ein und bist von einem einzigen Arbeitgeber abhängig. Das hat natürlich den großen Vorteil, dass du jeden Monat ein festes Gehalt kriegst. Auch in dem Fall, dass das Unternehmen gerade kein Geld verdient oder weniger zu tun ist, wie es im Winter in der Reisebranche der Fall ist. Allerdings ist es als Angestellter schwieriger, einen Job zu finden, in dem du nur deinen Lieblingsaufgaben nachgehen kannst. Vielleicht wäre es also sinnvoller, wenn du selbstständig arbeitest.

Aber lass uns erst einmal überlegen, wie dein Traumjob aussehen würde. Danach können wir weiter darüber nachdenken, wie du das am besten in deinem Leben umsetzt. Eventuell gibt es ja auch genau die gewünschte Stelle bei einem anderen Unternehmen. Wie hört sich das an?», fragt Tobias und schaut Stefan begeistert an.

«Ja, das hört sich wirklich sehr gut an. Aber ist das nicht ein wenig unrealistisch, dass mir jeder Teil meiner Arbeit Spaß bereitet und ich damit auch noch Geld verdiene?», wendet Stefan ein.

Tobias antwortet daraufhin: «Jetzt verstehe ich, wo dein Problem liegt. Die allermeisten Menschen sind in einem Job, den sie entweder nicht mögen oder sogar hassen. Es ist also die absolute Ausnahme, dass jemand seinen Job so sehr liebt, dass er ihn sogar ausüben würde, wenn er kein Geld dafür erhalten würde. Aus diesem Grund wird von der Mehrheit der

Gesellschaft der Glaubenssatz gebildet, dass Arbeit anstrengend sein muss und dass du mit einer Tätigkeit, die dir unglaublich viel Spaß macht, gar kein Geld verdienen kannst. Das ist allerdings totaler Schwachsinn. Es ist eine Schutzbehauptung, weil wir Menschen uns nur sehr ungerne verändern wollen und lieber in der unglücklich machenden und vermeintlich sicheren Situation bleiben. Unser Gehirn stammt noch aus der Steinzeit, wo Veränderungen prinzipiell gefährlich sein und unseren Tod bedeuten konnten. Deswegen schützen sich die meisten Menschen durch diesen Glaubenssatz und meinen, keine Alternative zu haben.

Ich kann dir aus meiner eigenen Erfahrung sagen, dass du mit einem Spaß bringenden Job viel mehr Geld verdienen kannst, weil du diesen nicht als Arbeit empfindest und ihn daher auch sehr gerne ausübst. Deine Kunden merken einfach, ob du nur arbeitest, um damit Geld zu verdienen, oder weil du es gerne tust.

Viele begehen hier allerdings den Fehler, dass sie zu blauäugig an die Selbstständigkeit herangehen und wichtige Grundlagen bei der Gründung nicht berücksichtigen. Der Spaß an der Arbeit ist nämlich nur eines von drei Kriterien für eine erfolgreiche Selbstständigkeit. Es gibt so viele erfolglose Hobbyphotographen oder Fitnesstrainer, die an ihrer Arbeit sehr viel Spaß haben. Sie verdienen nur kein Geld, weil sie die anderen Punkte nicht berücksichtigen. Lass uns daher kurz die wichtigsten Punkte einer erfolgreichen Selbstständigkeit anschauen:

Du kannst dir eins erfolgreiche Selbstständigkeit wie einen Stuhl vorstellen, wobei der Spaß eins der Stuhlbeine ist. Auf einem Bein alleine kann ein Stuhl niemals stehen. Du brauchst also für eine erfolgreiche Selbstständigkeit mehrere Beine.

Ein weiteres Bein ist, dass eine Nachfrage nach dem Produkt oder der Dienstleistung bestehen muss. Wenn sich keiner für dein Produkt interessiert und auch keiner bereit ist, Geld dafür auszugeben, wirst du kein Geld verdienen können. Viele scheitern genau an diesem Punkt, weil sie von klein auf bereits eingetrichtert bekommen, dass sie tun sollen, was sie lieben. Du kannst mit einer Tätigkeit allerdings nur Geld verdienen, wenn auch eine Nachfrage besteht. Niemand deiner Kunden kauft bei dir, weil du Spaß an der Arbeit hast. Es muss auch einen Mehrwert für den Kunden geben.

Auch auf zwei Beinen steht ein Stuhl nur sehr schlecht. Du brauchst also noch mindestens ein weiteres Stuhlbein für eine erfolgreiche Selbstständigkeit. Ich gebe für das dritte Bein gerne meine Tennisgeschichte als Beispiel. In meiner Jugend habe ich sehr intensiv Tennis gespielt und trainiert. Ich habe Tennis geliebt und es besteht in unserer Gesellschaft schließlich auch die Nachfrage nach Tennisspielern. Trotzdem hätte ich mit dem Tennisspielen kein Geld verdienen können, weil ich einfach nicht gut genug war und nicht die nötigen Fähigkeiten hatte beziehungsweise auch jetzt noch nicht habe. Das dritte Standbein ist also das eigene Können. Es reicht nicht aus, wenn du einer bestimmten Tätigkeit sehr gerne nachgehst und es auch eine Nachfrage hierfür gibt. Du musst auch die nötigen Fähigkeiten haben, damit die Menschen dazu bereit sind, genau dir Geld zu zahlen.

Das sind die drei wichtigen Voraussetzungen für eine Selbstständigkeit. Die lassen sich natürlich auch auf dein Angestelltenverhältnis beziehen. Kein Arbeitgeber wird dir viel Geld bezahlen, wenn du irgendeines dieser drei Beine vernachlässigst. Jetzt habe ich aber genug erzählt. Was könntest du dir, unter Berücksichtigung der drei Beine, als Selbstständigkeit vorstellen?»

Stefan denkt kurz über die ganzen Hinweise von Tobias nach und antwortet: «Ich hatte irgendwie ständig im Kopf, dass mir Arbeit keinen Spaß bereiten kann. Das liegt vielleicht auch daran, dass ich bisher noch keinen Job hatte, den ich wirklich geliebt und aus voller Begeisterung ausgeübt habe.

Mein Traumjob wäre es, hauptsächlich andere Menschen zu beraten und ihnen dabei zu helfen, eine einmalige und auf die eigenen Bedürfnisse abgestimmte Reise zu planen und zu organisieren. Ich hatte dir ja bereits bei unserem ersten Treffen erzählt, dass ich von der Karibik total begeistert bin und mich deshalb dort sehr gut auskenne.

Daher würde ich am liebsten nur Karibikreisen planen und organisieren. Eine Nachfrage danach besteht ganz bestimmt. Ich weiß schließlich aus meiner Zeit im Reisebüro, dass die Leute sehr gerne in die Karibik in den Urlaub fliegen und dafür auch bereit sind, viel Geld auszugeben. Ich bin mir auch ziemlich sicher, dass die Menschen bereit wären, mehr Geld zu zahlen, um dafür einen unvergesslichen Urlaub zu erleben. Die Nachfrage und meine Begeisterung für das Thema bestehen also schon einmal.

Nach den vielen Jahren im Reisebüro und den vielen geplanten Reisen habe ich das nötige Wissen und auch die Fähigkeiten, eine gute Reise zu organisieren und zusammenzustellen. Diese habe ich also auch.

Irgendwie habe ich aber auch große Zweifel, ob ich wirklich selbstständig sein möchte. Schließlich ist das alles auch ziemlich risikoreich und unsicher, ob ich damit Geld verdienen kann. Was ist, wenn ich scheitere? Was ist, wenn niemand meine Dienstleistung in Anspruch nimmt?»

«Stop, Stop, Stop!», schreit Tobias und unterbricht Stefan. «Du fängst schon wieder an, dich selbst zu manipulieren und von deinem Traum abzuhalten. Deine Geschäftsidee hört sich wirklich sehr gut an und ich bin fest davon überzeugt, dass du mit deiner Dienstleistung 10.000 Euro und mehr im Monat verdienen kannst. Die Menschen sind davon begeistert, ihre Möbel und Kleidungsstücke selbst individualisieren zu können und sind auch bereit, dafür große Summen auszugeben.

Ich kann dir jetzt schon sagen, dass individualisierte Karibikreisen nachgefragt werden und du damit auch Geld verdienen wirst. Zudem merke ich schon bei der Beschreibung der Geschäftsidee, wie begeistert du davon bist. Du kannst solche

Reisen organisieren, bist Feuer und Flamme und es besteht auch noch eine Nachfrage nach dieser Art von Reisen.

Die allermeisten Angestellten haben riesige Ängste vor einer Selbstständigkeit, weil sie dann kein gesichertes und regelmäßiges Einkommen haben. Ich kann dir sagen, dass es bei mir am Anfang genauso war und ich riesige Ängste davor hatte. Du musst allerdings auch nicht von Anfang an in die ‚Vollzeit-Selbstständigkeit' gehen. Du kannst dir erst mal neben einem sicheren Hauptjob etwas aufbauen und in die volle Selbstständigkeit gehen, wenn dein Einkommen zum Leben reicht. So bin ich auch damals gestartet.

Zudem musst du dir auch die Alternativen vor Augen führen. Du wirst kein Angestelltenverhältnis finden, bei dem du deinen Traum und deine Geschäftsidee mit den individualisierten Karibikreisen einfach so umsetzen kannst. Wenn du deinem Traum also vollständig folgen willst, bleibt dir nichts anderes übrig, als das in Form einer Selbstständigkeit zu tun. Als Selbstständiger gehst du das größte Risiko ein, wenn du vor Beginn nicht über deine Geschäftsidee nachdenkst oder von Anfang an auf das Einkommen aus der Selbstständigkeit angewiesen bist. Bei einer Selbstständigkeit ist es nämlich einfach so, dass du eine gewisse Zeit brauchst, um die ersten Kunden und Referenzen aufzubauen. Die meisten scheitern in ihrer Selbstständigkeit einfach daran, dass ihr Geschäftsmodell nur sehr wacklig auf zwei Beinen, zum Beispiel Spaß und Können, steht oder dass sie zu lange brauchen, um das benötigte Einkommen aufzubauen.

Wenn du komplett ohne Rücklagen in eine Selbstständigkeit startest, stehst du von Anfang an mit einem Bein in der Privatinsolvenz und das möchte schließlich keiner. Dieses Risiko kann relativ leicht umgangen werden, indem du noch einen Angestelltenjob mit einem regelmäßigen Einkommen, genügend Rücklagen für schlechte Zeiten und ein gutes Geschäftsmodell hast.

Was passiert, wenn du dann trotzdem scheiterst und kein Geld mehr hast? Ich denke, du solltest dir einmal vor Augen führen, was das Worst-Case-Szenario ist. Im schlimmsten Fall musst du Hartz IV beantragen oder wieder einen anderen Job in der Reiseindustrie annehmen. In Deutschland wirst du niemals verhungern oder deine komplette Existenz verlieren.

Meiner Meinung nach hast du im schlimmsten Fall sehr viel gelernt und etwas im Leben riskiert. Am Ende des Lebens wirst du sehr froh darüber sein, es wenigstens versucht zu haben, auch wenn es vielleicht nicht geklappt hat. Wie schlimm ist es, am Ende auf das eigene Leben zurückzuschauen und sich zu fragen: Was wäre, wenn es geklappt hätte?

Eine Sache möchte ich noch zum Thema Risiko sagen. Ich habe schon sehr oft von Angestellten gehört, dass du sehr risikofreudig sein musst, um selbstständig oder Unternehmer sein zu können. Vor allem wollen die meisten kein Risiko eingehen. Dabei haben sie eine etwas verquere Sicht auf das Thema Risiko.

Es geht bei einer Selbstständigkeit nicht darum, möglichst viele Risiken einzugehen. Im Gegenteil versuchst du zu Beginn, durch eine Analyse der Geschäftsidee, das Testen der Nachfrage und den Aufbau neben einem Angestelltenjob das Risiko zu minimieren. Trotzdem bleibt auch danach ein gewisses Restrisiko bestehen, dass du nicht eliminieren kannst. Es geht also vielmehr darum, als Selbstständiger das Risiko zu minimieren, die möglichen Chancen abzuschätzen und dann bewusst die noch bestehenden Risiken einzugehen. Nur wer etwas im Leben riskiert, hat auch die Möglichkeit, größere Gewinne einzufahren. Und das meine ich nicht nur finanziell.

Wenn du zum Beispiel eine Frau in einer Bar ansprichst, ist das mit dem Risiko der Ablehnung verbunden. Wenn du Sport treibst, riskierst du, verletzt zu werden. Wenn du deine Zeit in ein Projekt investierst, kann alles umsonst gewesen sein. Das Leben ist ein einziges Risiko.

Das Wichtigste beim Eingehen von Risiken ist einfach, dass sie nicht existenzbedrohend sind. Du musst also die Risiken auch wegstecken können. Ich hatte dir ja bereits erzählt, dass ich ganz zu Beginn neben meinem Job vieles ausprobiert und kein Geld verdient habe. Ich bin also Risiken eingegangen und habe dadurch meine Zeit riskiert. Im besten Fall hätte ich allerdings meinen Job kündigen und mich nur noch darauf fokussieren können. Weil ich niemals meine Existenz riskiert habe, kam es mir nie besonders risikoreich vor.»

Stefan antwortet nach diesem langen Monolog von Tobias: «Okay, ich habe verstanden, was du meinst. Ich fange dann erst einmal an, neben meinem Job die Selbstständigkeit aufzubauen. Dann kann ich mir zuerst angucken, wie gut es läuft, und wenn es dann passt, meinen Job kündigen. Nebenbei baue ich meine Rücklagen auf und fange an, etwas Geld zu investieren.

Ich kenne auch die ein oder andere Geschichte von Bekannten, die in die Selbstständigkeit gegangen und gescheitert sind. Jürgen hat zum Beispiel in der letzten großen Wirtschaftskrise seinen Job verloren und ist dann in die Selbstständigkeit gegangen. Er hat einen Haufen Schulden aufgebaut und musste nach zwei Jahren Privatinsolvenz anmelden. Jetzt weiß ich dank deiner Erklärung, warum er pleitegegangen ist. Er ist existenzbedrohende Risiken eingegangen. Er selbst ist allerdings der Meinung, dass er wegen der schlechten wirtschaftlichen Lage kein Geld verdienen konnte.»

Tobias antwortet mit einem breiten Grinsen: «Da hat dein Freund Jürgen allerdings auch alles falsch gemacht, was er bei einem Start in die Selbstständigkeit hätte falsch machen können: keine Vorbereitungsphase, vermutlich keine größeren Rücklagen, keine umfangreiche Marktanalyse und wahrscheinlich hat er die drei Beine, auf denen das Vorhaben stehen muss, auch nicht beachtet. Die aktuelle Wirtschaftslage wird andauernd als Ausrede verwendet, weil die Menschen nicht selbst daran schuld sein wollen. Ich sage den Leuten dann einfach nur: ‚In guten Zeiten geht es den meisten Selbstständigen gut, in schlechten nur den Besten.'

Ich hatte auch in der letzten Wirtschaftskrise mehr als genug zu tun, weil ich einfach ungeschlagener Marktführer war und vor der Krise schon Aufträge für mehr als ein Jahr im Voraus hatte. In der Krise hatte ich dann nur noch Aufträge für die nächsten sechs Monate, was auch schon sehr gut ist.

Wenn die Wirtschaftsleistung zurückgeht und weniger nachgefragt wird, trifft das alle Wirtschaftsbeteiligten. Wenn ich allerdings vorher schon knapp kalkuliert habe, wird es dann für mich natürlich sehr schwer und existenzbedrohend.

Wenn du wirklich gut bist, bist du von der äußeren Wirtschaftslage und anderen äußeren Einflüssen größtenteils unabhängig.»

«Das ist mir schon klar, dass das von ihm auch nur eine Ausrede war. Ich hätte dir auch ohne große Erfahrungen in dem Bereich sagen können, dass seine Selbstständigkeit scheitern wird. Das war von ihm eher eine spontane Reaktion auf seine Kündigung und überhaupt nicht gut überlegt oder in irgendeiner Art und Weise geplant. Er wollte allerdings nicht auf mich hören», antwortet Stefan.

«Nicht hören wollen ist ein wirklich gutes Stichwort. Du musst beim Start deiner nebenberuflichen Selbstständigkeit sehr vorsichtig sein, wessen Tipps du annimmst. Häufig wollen dir Angestellte erklären, warum die Selbstständigkeit viel zu risikoreich ist und warum du mit deinem Geschäftsmodell gar kein Geld verdienen kannst.

In den meisten Fällen solltest du die Aussagen einfach ignorieren, weil sie selbst in dem Bereich gar keine Erfahrung haben und dir deshalb auch keinen vernünftigen Rat geben können. Zudem haben die meisten Angestellten vor einer Selbstständigkeit sehr viel Angst, sodass sie es anderen Menschen lieber ausreden wollen.

Das ist so, als würdest du einen Übergewichtigen um Ernährungstipps bitten. Oder als würdest du von einem drei Mal geschiedenen Mann Beziehungstipps annehmen.

Du solltest darauf achten, dass du nur Tipps von Menschen annimmst, die auch das erreicht haben, was du noch erreichen willst. Im Fitnessbereich ist es allen klar, dass sie von einem Übergewichtigen nicht trainiert werden wollen. Bei einer Selbstständigkeit hingegen holen sich die meisten nur Tipps von Freunden und Bekannten, die niemals in ihrem Leben selbstständig waren. Irgendwie paradox», sagt Tobias.

Sie fahren bereits eine ganze Weile mit dem Auto in der Stadt umher. Stefan weiß nicht, wohin es eigentlich gehen soll und was das Ziel der Reise ist. Er war auch so in das Gespräch vertieft, dass er erst gar nicht gefragt hatte. Als er das gerade nachholen will, biegt Tobias schon auf den Parkplatz eines großen Büroartikelgeschäfts ab und hält an.

«Wir müssen noch kurz etwas besorgen», sagt er und begibt sich dann mit Stefan zusammen auf den Weg in den Laden. Schnurstracks holt Tobias eine große Rolle Flipchart-Papier aus dem Regal und geht damit zur Kasse.

Stefan fragt mit Blick auf die Rolle mit einem ironischen Unterton: «Ich tippe mal, dass du nicht gerade unbedingt eine Flipchart-Rolle brauchst. Du hast doch bestimmt schon wieder etwas vor.»

Tobias lacht und antwortet daraufhin: «Das hast du gut erkannt. Ich denke, wir haben heute genug Mythen zum Thema Arbeit und Selbstständigkeit aus dem Weg geräumt und du musst es wahrscheinlich noch mal verarbeiten. Das Flipchart-Papier ist Teil deiner Hausaufgabe für die nächsten Wochen und Monate.

Du sollst in der nächsten Zeit darüber nachdenken, wie dein perfekter Job aussieht. Du sollst für dich folgende Fragen klären: Mit wem möchte ich zusammenarbeiten? Wie sieht mein perfekter Kunde aus? Wie setze ich das am Besten um?

Ich denke, es sollte klargeworden sein, dass es in einem Angestelltenjob sehr schwierig wird, deine individuellen Wünsche und Ziele zu erreichen. Du solltest also auch darüber nachdenken, wie du an Kunden kommst und wie du am besten startest.

Das Flipchart ist dazu da, dass du am Ende auf einem einzigen Blatt in Form einer Mindmap alle Gedanken dazu festhältst. Es sollte auf einen Blick erkennbar sein, was genau dein Geschäftsmodell ist, was die Risiken sind, warum du den Job ausüben willst und was deine konkrete Dienstleistung ist.

Wenn du darüber intensiv nachgedacht hast und deine Mindmap fertig ist, können wir uns noch mal zusammensetzen und über die Umsetzung und deine Probleme dabei sprechen. Wie hört sich das für dich an?»

«Ich glaube, ich muss auch noch mal meine Gedanken sortieren und ein wenig recherchieren, damit ich weiß, was ich genau tun kann und auch will. Diese ganzen Informationen von dir muss ich erst einmal verarbeiten. Schließlich habe ich noch nie über den Aufbau einer Selbstständigkeit nachgedacht. Deine Vorschläge hören sich für mich allerdings wirklich nach einer guten Idee an. So machen wir es», sagt Stefan mit großer Begeisterung.

Tobias bringt Stefan noch mit dem Auto nach Hause. Den Rest der Zeit sitzen sie nur schweigend nebeneinander. Durch Tobias ganze Fragerei wurden bei Stefan viele neue Gedanken ausgelöst. So wie ein Stein, der in einen ruhigen See geworfen wird und dann hunderte Wellen hervorruft. Aus dem ganzen Gedankenwirrwarr kristallisiert sich eine Erkenntnis allerdings deutlich heraus: «Ich will so schnell wie möglich aus meinem nervigen Job heraus und beruflich etwas anderes machen.»

Selbstzweifel und mentale Blockaden

Die nächsten Wochen nach dem Treffen mit Tobias dachte Stefan sehr viel über eine mögliche Selbstständigkeit nach. Bei der Arbeit achtete er ganz bewusst darauf, was ihm an seiner Arbeit so gut gefällt, dass er es den ganzen Tag über tun könnte. Ihm wurde in dieser Zeit immer deutlicher, dass ihm die Kundenberatung am meisten Spaß bereitet. Er liebt es, für Kunden eine ganz individuelle Reise zu planen und die Freude in ihren Gesichtern zu sehen. Während er dies tut, schaut er niemals auf die Uhr und vergisst die Zeit völlig.

Seine Geschäftsidee ist ihm auch schon klar: Er möchte individuelle Karibikreisen planen und über einen eigenen Reiseblog bewerben. Ihm ist es vor allem wichtig, nicht in einem Büro irgendwo eingeschlossen zu sein, sondern ortsunabhängig von überall aus arbeiten zu können. Stefan möchte seine eigenen Reisen und die Arbeit miteinander verbinden und nicht nur ein paar Tage im Jahr unterwegs sein, wie es aktuell der Fall ist.

Bisher hört sich das alles für Stefan allerdings noch wie ein Traum an, der zu schön wäre, um wahr zu werden. Deshalb hat er Tobias zu sich nach Hause eingeladen, um seine bisherigen Überlegungen zur Selbstständigkeit mit ihm zu teilen.

«Ich habe irgendwie innerlich sehr große Zweifel, ob ich mit meinem Geschäftsmodell genug Geld verdienen kann, um meinen Lebensunterhalt zu decken. Schließlich ist es ja keine so große Arbeit und Leistung, eine Karibikreise zu planen.»

Tobias antwortet daraufhin: «Ich kann deine Zweifel sehr gut verstehen. Wahrscheinlich hat jeder Mensch Zweifel daran, ob die eigene Leistung gut genug ist. Für uns selbst sind das Wissen und die Fähigkeiten so selbstverständlich, dass wir ihnen keinen großen Wert beimessen. Dabei sind dein ganzes angesammeltes Wissen und die Erfahrungen bei der Reiseplanung wirklich sehr viel wert. Du brauchst selbst wahrscheinlich für eine Reiseplanung nur wenige Stunden, während jeder andere Tage oder Wochen bräuchte und trotzdem keine so gute Reise planen könnte.

Es ist ganz normal, dass wir unseren eigenen Wert und die Dienstleistungen, die wir für andere Menschen anbieten können, nicht als wertvoll ansehen und daher auch Angst haben, zu hohe Preise zu verlangen. Ich kann dir aber sagen, dass sich die meisten Menschen unter Wert verkaufen, weil sie ihren eigenen Wert nicht einschätzen können und starke Zweifel haben.

Dazu gibt es auch eine Studie, die das wunderbar illustriert. Dabei wurden zwei fast identische Stellenanzeigen in einer großen Zeitung geschaltet. In beiden Anzeigen wurde die gleiche Stelle mit den gleichen Anforderungen beschrieben. Der einzige Unterschied war das Gehalt. Bei der ersten Stellenanzeige wurden 35.000 Euro im Jahr geboten, bei der zweiten waren es 70.000 Euro. Das durchschnittliche Gehalt für diesen Beruf liegt normalerweise ungefähr in der Mitte. Eigentlich sollte anzunehmen sein, dass sich gleich viele Menschen auf beide Stellen beworben haben oder dass es mehr Bewerbungen für die besser bezahlte Stelle gab.

Das Ergebnis war allerdings, dass sich auf die schlechter bezahlte Stelle zehnmal so viele Menschen beworben haben, wie auf die doppelt so gut bezahlte Stelle. Stell dir das nur einmal vor: Die Menschen wollen eigentlich mehr Geld verdienen und trotzdem trauen sich die meisten nicht, sich auf die besser bezahlte Stelle zu bewerben. Einen anderen Grund kann es sonst nämlich nicht dafür geben. Rein rational gesehen, ist die gleiche Stelle mit einem doppelt so guten Gehalt natürlich deutlich attraktiver. Aber die meisten Menschen schätzen ihren eigenen Wert zu gering.

Bei Ausübung einer eigenen Selbstständigkeit wird diese Angst natürlich noch deutlicher, weil man regelmäßig damit konfrontiert wird. Du kannst jederzeit deine Preise verändern

und musst es nur schaffen, sie gegenüber deinen Kunden durchzusetzen. Deswegen ist es auch so, dass sich die meisten Selbstständigen leicht herunterhandeln lassen oder von Vornherein einen viel zu niedrigen Preis verlangen.»

«Eigentlich hast du damit Recht. Ich habe bereits sehr viele Erfahrungen in dem Bereich und kann wahrscheinlich viel besser Karibikreisen planen als die allermeisten Menschen. Da ist es nur logisch, dass ich deutlich weniger Zeit für die Planung benötige und trotzdem ein deutlich besseres Ergebnis erziele. Das hatte ich bisher gar nicht so auf dem Schirm. Für mich sind die Fähigkeiten zur Planung einer guten Reise so selbstverständlich, dass ich gar nicht über den Mehrwert für andere nachgedacht habe. Meinst du, ich könnte 50 Euro für eine Stunde Beratung nehmen? In meinem Angestelltenjob habe ich schließlich nur 15 Euro in der Stunde verdient», fragt Stefan mit erwartungsvollem Blick.

Tobias antwortet entsetzt: «Du wirst nie, nie, niemals für deine Zeit bezahlt! Niemals! Angestelltenjobs verzerren leider den Zusammenhang von Geld und Leistung. Aus diesem Grund habe ich auch sehr lange kaum Geld in meiner Selbstständigkeit verdient.

Ich möchte dir auch dazu eine kurze Geschichte erzählen: In einem großen Produktionsunternehmen fällt eine der wichtigsten Maschinen aus. Durch den Stillstand kommt die ganze Produktion zum Erliegen. Die Techniker des Unternehmens schaffen es trotz größter Anstrengung nicht, die Maschine wieder zu reparieren.

Der Kauf einer neuen Maschine würde mehrere Millionen kosten und sie müssten zudem noch mehrere Monate auf die neue Maschine warten. In der Zeit würde das Unternehmen weitere Millionen durch den Produktionsausfall verlieren. Händeringend sucht das Unternehmen nach Spezialisten, die die Maschine wieder reparieren können.

Sie finden einen Maschinenspezialisten, der als einer der besten auf der ganzen Welt gilt. Er ist eigentlich im Ruhestand, aber das

Unternehmen kann ihn trotzdem irgendwie überzeugen, dass er zu ihnen kommt und ihr Problem löst. Der Experte schaut sich die Maschine nur einmal kurz an und erkennt sofort, dass es sich um ein gängiges Problem handelt. Er tauscht ein kleines Teil der Schaltung aus und die Maschine funktioniert nach wenigen Minuten wieder. Der Unternehmer ist unglaublich froh über die schnelle Reparatur.

Wenige Wochen später kommt die Rechnung: Reparatur der Maschine: 25.000 Euro.

Als der Unternehmer die Rechnung sieht, ist er total außer sich. Er kann nicht fassen, dass der Experte für diesen kleinen Handgriff 25.000 Euro in Rechnung stellt. Er teilt ihm per Telefon mit, dass er nicht bereit ist, für so einen kleinen Handgriff einen so hohen Preis zu zahlen.

Kurze Zeit später kommt die abgeänderte Rechnung:
- Austausch der Schaltung: 500 Euro
- Nötiges Wissen, um die richtige Schaltung auszutauschen und einen Millionenschaden zu verhindern: 24.500 Euro
- Unternehmensberatung, dass es ausschließlich auf den gelieferten Wert und nicht auf die Zeit ankommt: 5.000 Euro
- Summe: 30.000 Euro

Seitdem hat der Unternehmer eine Sache begriffen: Es kommt nicht darauf an, wie viel Zeit jemand für eine Dienstleistung aufbringen muss. Es kommt ganz alleine darauf an, welchen Mehrwert er bieten kann. Wenn du einem Unternehmen einen Schaden in Millionenhöhe ersparen kannst, sind mehrere zehntausend Euro dafür vollkommen angemessen. Dabei ist es auch egal, ob der Experte eine, zehn oder tausend Stunden zur Erbringung dieser Dienstleistung benötigt.

Das gilt genauso in einem normalen Angestelltenverhältnis. Wenn du während deiner Arbeitszeit einen doppelt so großen Mehrwert bringst, kannst du auch ein deutlich höheres Entgelt fordern. Das ist auch einer der Gründe, warum es unterschiedliche Stundensätze gibt. Es kommt auf den Mehrwert an, den du anderen bieten kannst: Ist dieser entsprechend groß, sind auch mehrere tausend Euro für eine Stunde möglich und nicht nur fünfzig. Du solltest daher deinen Fokus alleine auf den Wert legen, den du deinen Kunden bietest.»

«Auf diese Weise habe ich es noch nie betrachtet. Schließlich steht in meinem Arbeitsvertrag, dass ich einen festen Monatslohn verdiene. Das Einkommen wird also für einen Angestellten zuerst einmal unabhängig davon bezahlt, was der einzelne Angestellte leistet.

Ich kenne in meinem Büro auch einen Kollegen, der eigentlich das Gleiche verdient und deutlich weniger dafür leistet. Solange er nicht gefeuert wird, erhält er weiterhin sein normales Gehalt. Er wird quasi für seine Zeit und nicht direkt für den erbrachten Mehrwert bezahlt. Könntest du das mit dem Mehrwert vielleicht am Beispiel des Angestellten noch mal erklären?», fragt Stefan.

Tobias schmunzelt und sagt: «Ja klar. Geld erhältst du in der Wirtschaft im Tausch dafür, dass du Probleme löst. Niemand kauft eine Waschmaschine, weil er eine Waschmaschine haben will. Die Menschen wollen frische und saubere Wäsche, ohne von Hand waschen zu müssen. Sie geben also gerne Geld im Austausch für eine Waschmaschine, die dieses Problem löst.

Das gleiche Prinzip lässt sich auch auf einen Angestellten übertragen. Ein Krankenhaus stellt zum Beispiel den Absolventen eines Medizinstudiums als Arzt ein. Dieser wird allerdings nicht eingestellt, weil er einen Nachweis über das abgeschlossene Studium hat. Viele Studenten meinen, nach Abschluss ihres Studiums einen Anspruch auf einen Arbeitsplatz zu haben. Gerade bei exotischeren Studiengängen.

Menschen werden bei einem Unternehmen nur angestellt, damit sie Probleme lösen und dadurch Geld in die Kassen des Unternehmens bringen. Ein Arzt behandelt zum Beispiel kranke Menschen und sorgt dafür, dass diese wieder gesund werden.

Dafür sind die Menschen bereit, einen bestimmten Betrag zu zahlen.

Versetz dich einfach mal in die Lage eines Unternehmers: Wenn du jemanden für dein Unternehmen einstellst, sollte der Angestellte mehr Geld einbringen, als er kostet. Schließlich musst du als Arbeitgeber den Lohn auch zahlen, wenn der Angestellte im Urlaub ist, krank wird oder aktuell weniger Geld einbringt. Zudem entstehen für einen Angestellten weitere Kosten wie Versicherungen, Fortbildungen und vieles mehr.

Wenn der zukünftige Angestellte also Probleme im Wert von 100.000 Euro lösen kann, wirst du ihm zum Beispiel 60.000 Euro als Bruttogehalt anbieten. Je schwieriger die Lösung des Problems ist, desto höher ist natürlich auch die Bezahlung. Wenn jemand hochkomplexe Maschinen warten kann, wird er deutlich besser bezahlt als ein Taxifahrer. Schließlich braucht man für spezialisierte Tätigkeiten auch viel mehr Wissen und es gibt viel weniger Menschen, die dieses Problem lösen können. Hinzu kommt, dass die Ausbildungen, um dieses Spezialwissen zu erlangen, eine Menge Geld und Zeit kosten. Somit hat der Experte, den man in Anspruch nimmt, vorher entsprechende Investitionen in sich selbst getätigt, um dir nun weiterhelfen zu können. Auch dies muss bei der Kalkulation mitberücksichtigt werden.

Ein kleines Beispiel dazu: Nehmen wir Paul Neal Adair, einen ehemaligen Feuerwehrmann, als Beispiel. Er verdiente mehrere Millionen im Jahr. Eigentlich ist das nicht gerade ein Beruf, bei dem du unglaublich viel verdienst. Der Grund für sein hohes Einkommen war, dass er sich auf das Löschen von brennenden Ölquellen spezialisiert hatte und dadurch weltweit der Beste für diese Art der Löschung wurde. Genau aus diesem Grund waren die Unternehmen auch bereit, ihm mehrere Millionen pro Tag zu zahlen. Jeden Tag, an dem die Ölquelle weiterbrennt, verliert der Besitzer einen mehrstelligen Millionenbetrag. Paul Neal Adair schaffte es, durch sein Wissen und seine Weiterbildung dieses Problem zu lösen, und wurde dafür sehr gut bezahlt.»

«Durch die verschiedenen Beispiele wird deutlich, was du genau meinst. Es kommt einzig und alleine darauf an, welche Probleme ich für meine Kunden lösen kann und wie viel sie dafür bereit sind zu zahlen. Niemand bezahlt mich als Reiseplaner für die Zeit, die ich für die Planung verwendet habe. Die Kunden zahlen dafür, dass sie eine gut geplante Reise bekommen. Mir ist es schließlich als Kunde auch egal, ob ein Schauspieler bereits seit zehn Jahren für die Rolle trainiert hat oder ein Newcomer ist. Es kommt auf die Leistung an sich an. Ich sollte mir also, wenn ich mein Einkommen erhöhen möchte, die Frage stellen: Wie kann ich die Probleme meiner Kunden noch besser lösen und wie kann ich noch mehr Mehrwert bieten?», sagt Stefan und schaut Tobias erwartungsvoll an.

Tobias antwortet mit einem Grinsen: «Ich sehe, du hast es verstanden. Damit bist du zu Beginn deiner Selbstständigkeit schon mal viel besser gerüstet, als ich es damals war. Diese Sichtweise kann dir sehr viel Schmerz und Anstrengung in den ersten Jahren deiner Selbstständigkeit ersparen. Hast du denn bereits darüber nachgedacht, wie du deine Beratung verkaufen willst?»

Als Tobias das Thema Verkauf anspricht, zuckt Stefan sofort sichtbar zusammen und schaut Tobias wütend an. Er sagt aufgeregt: «Du meinst doch nicht ernsthaft, dass ich anderen Leuten etwas verkaufen soll. Ich will doch nicht meine eigenen Werte verraten und anderen Menschen etwas andrehen.»

Unbeirrt von Stefans kleinem Wutanfall antwortet Tobias: «Ich sehe, du hast eine ähnlich negative Einstellung zum Thema Verkauf wie die meisten Menschen in Deutschland. Der Beruf des Verkäufers hat bei uns leider unberechtigterweise einen sehr schlechten Ruf. Meiner Meinung nach ist der Hauptgrund dafür, dass wir bei dem Begriff Verkauf oft sofort denken, dass uns jemand etwas andrehen möchte, das wir gar nicht brauchen.

Als ich noch angestellt war, besuchte mich mal ein Versicherungsvertreter und versuchte, mir eine komplett unnötige Versicherung anzudrehen. Mir wurde in dem Moment also bewusst, dass mir mein Gegenüber etwas verkaufen will. Mir wurde weiter klar, dass er mir ein Produkt verkaufen will, das ich überhaupt nicht benötige und das mir nur Geld aus der Tasche zieht. Wir sprechen allerdings in Deutschland niemals vom Verkaufen, wenn jemand unsere Bedürfnisse gut analysiert hat und uns ein perfektes Produkt verkauft. Also genau das tut, was ein Verkäufer tun sollte.

Vor ein paar Jahren brauchte ich zum Beispiel bei der Geburt meines Sohnes viele verschiedene Babysachen. Der Verkäufer im Babyladen hat mir mit seinem Fachwissen sehr gut weitergeholfen und genau die Produkte verkauft, die ich unbedingt brauchte. Ohne ihn wäre ich komplett aufgeschmissen gewesen und hätte von manchen nützlichen Produkten nichts erfahren.

Viele würden ihn als Berater bezeichnen, aber in Wirklichkeit ist er ein Verkäufer. Schließlich ist er einzig und alleine in dem Geschäft angestellt, damit er Menschen dabei unterstützen kann, ein Produkt zu finden, das die bestehenden Probleme optimal löst, und es dann auch verkauft. Davon leben schließlich der Laden und die angestellten Verkäufer.

Du kannst also persönlich für dich die Entscheidung treffen: Handle ich so wie der Versicherungsvertreter aus meinem Beispiel und drehe meinen Kunden unnötige Produkte an oder bin ich der Verkäufer aus dem Babyladen und vermittle nur Produkte, die dem Kunden nutzen und seine Probleme lösen?

Du könntest also versuchen, jedem deine Karibikreisen zu verkaufen, auch wenn die Menschen lieber in den Skiurlaub fahren, oder du fokussierst dich beim Verkauf nur auf die Leute, die ein Interesse an deiner Art des Urlaubs haben, und unterbreitest ihnen ein unwiderstehliches Angebot.»

«Da fällt die Entscheidung nicht gerade schwer. Ich schließe mich natürlich dem Verkäufer im Babyladen an und drehe den Leuten nichts an, das sie nicht brauchen. Bisher habe ich nie so wirklich darüber nachgedacht, dass man den Menschen auch auf positive Art und Weise etwas verkaufen kann. Ich hätte das dann allerdings auch eher als Beratung anstatt als Verkauf bezeichnet.

Aus meinen eigenen Erfahrungen kenne ich auch schon den ein oder anderen Verkäufer, der mir etwas andrehen wollte, und hatte daher auch ein ziemlich negatives Bild. Dabei kenne ich auch positive Beispiele. So wurde ich beim Kauf meiner Spiegelreflexkamera sehr gut beraten und dabei unterstützt, das passende Modell für mich zu finden.

Aber ist es denn nicht eigentlich so, dass sich gute Produkte von selbst verkaufen und nicht mehr aktiv verkauft werden müssen?» fragt Stefan deutlich ruhiger.

Tobias muss lauthals loslachen und antwortet: «Du kannst das beste Produkt der Welt haben. Wenn du keinem anderen Menschen vermitteln kannst, wofür er das Produkt braucht oder welche Probleme durch das Produkt gelöst werden, wird es niemand kaufen. Wir Deutschen haben die Einstellung, dass das Produkt oder die Dienstleistung nur gut genug sein muss und dann werden die Menschen schon von selbst auf uns zukommen.

Wir sind unglaublich stark darin, neue Produkte zu entwickeln und zu perfektionieren. Dafür sind wir in der ganzen Welt berühmt und daher haben die Produkte mit dem Aufdruck ‚Made in Germany' auch einen so guten Ruf. Es reicht allerdings niemals aus, nur ein gutes Produkt zu haben. Du musst das Produkt auch verkaufen können.

Viele deutsche Produkte sind kommerziell deswegen erst in den USA richtig erfolgreich geworden. Die Amerikaner sind sehr gut darin, sich und ihre Produkte zu vermarkten und zu verkaufen, selbst wenn die Produkte noch nicht besonders ausgereift sind.

Ein gutes Beispiel hierfür ist Microsoft. Microsoft hat noch niemals ein perfektes oder komplett fertiges Softwaresystem auf den Markt gebracht. Erst wird das Produkt verkauft und dann anhand des Feedbacks der Kunden weiterentwickelt. Die USA sind nicht annähernd so stark in der Entwicklung von neuen Produkten, wie es Deutschland ist. Trotzdem gibt es viel mehr amerikanische als deutsche Milliardenkonzerne.

Ich habe noch ein weiteres gutes Beispiel, durch das die Bedeutung des Verkaufs klar wird. Du kennst wahrscheinlich auch den bekannten Krimiautor Stephen King. Er hat über die Jahre einen so guten Ruf und eine so große Leserschaft aufgebaut, dass die meisten Menschen seine neu erscheinenden Bücher sofort kaufen.

Als er schon ziemlich erfolgreich war, hat er das Buch ‚Der Fluch' unter dem Pseudonym Richard Bachmann veröffentlicht. Das Buch war relativ erfolgreich und verkaufte sich 28.000 Mal. Als dann irgendwann herauskam, dass dieses Buch von Stephen King geschrieben wurde, schnellte das Buch auf die Bestsellerlisten und verkaufte sich in kürzester Zeit insgesamt 280.000 Mal.

An dem Inhalt des Buches hat sich überhaupt nichts verändert. Trotzdem wurde das Buch nach Veröffentlichung unter dem echten Namen des Autors viel öfter verkauft. Auch im Verlagsgeschäft kommt es darauf an, wie gut du dich und deine Bücher verkaufen kannst und ob du Stammleser/Stammkunden durch die Qualität und deinen Schreibstil an dich binden kannst. Du willst schließlich nicht nur ‚Bestwriter', sondern auch Bestseller sein.

Mit der Zeit wird es durch Stammkunden und dein aufgebautes Ansehen in der Branche natürlich leichter werden, deine Dienstleistungen zu verkaufen. Ganz ohne Verkauf wirst du allerdings in jedem Fall scheitern.»

«Okay, okay, okay. Ich habe schon verstanden, dass ich als Selbstständiger meine Dienstleistung auch verkaufen muss. Ich sollte also meinem Gegenüber verdeutlichen, was der Vorteil meiner Dienstleistung ist und wie diese sein Problem löst.

Mit der Planung einer Karibikreise sorge ich dafür, dass mein Kunde einen unglaublich tollen und individuell geplanten Urlaub erleben, sich maximal entspannen und das meiste aus der kostbaren Urlaubszeit herausholen kann. Schließlich haben die meisten Angestellten nur 30 Tage Urlaub im Jahr und da sollte es schon etwas ganz Besonderes sein.

Der größte Vorteil für meinen Kunden ist, dass er sich den enormen Zeitaufwand der Planung sparen und die Zeit sinnvoller investieren kann. Schließlich braucht ein Unerfahrener wahrscheinlich Tage oder Wochen, um eine solche Reise vernünftig zu planen. Du hast mir heute in Bezug auf meine Selbstständigkeit wirklich weitergeholfen.

Ich hatte die Relevanz des Mehrwertes, den ich dem Kunden persönlich biete, und den Bereich Verkauf vollkommen unterschätzt. Zudem dachte ich bis jetzt auch nicht, dass das Planen solcher Reisen eine große Leistung wäre, und war der Meinung, dass das jeder kann. Dabei stimmt das ja gar nicht. Die nächsten Wochen werde ich mich näher damit auseinandersetzen, was genau die Vorteile für meinen Kunden sind und für wen mein Angebot am interessantesten ist», antwortet Stefan mit großer Begeisterung.

«Das freut mich zu hören. Auch als Angestellter ist es wichtig, darauf zu achten, was für einen Mehrwert du dem Unternehmen bieten und wie du diesen Mehrwert noch weiter erhöhen kannst. Wenn du mit diesem Ansatz in Vorstellungsgespräche oder Gehaltsverhandlungen hereingehst, wirst du viel bessere Ergebnisse erzielen. Vorstellungsgespräche und Gehaltsverhandlungen sind eigentlich sogar der Inbegriff von Verkauf. Du musst schließlich dich als Person und deine Leistungen gut verkaufen», sagt Tobias. Stefan nickt zustimmend.

Tobias fährt fort: «Mich freut es wirklich, zu sehen, welche Fortschritte du gemacht und wie du dich schon weiterentwickelt hast. Ich denke, du kannst mit deiner Dienstleistung einen wirklich großen Mehrwert bieten, und ich bin selbst auch schon auf meine Karibikreise gespannt. Damit wäre ich quasi dein erster Kunde. Wir können mit dem Coaching fortfahren, wenn du weitere Dinge umgesetzt hast oder sich irgendwelche Fragen ergeben.»

Lass das Geld für dich arbeiten

Tobias hat Stefan für dieses Wochenende eingeladen, sich ein Mehrfamilienhaus anzuschauen, das aktuell zum Verkauf steht. Er hatte ihm bereits zuvor erzählt, dass er einen Großteil seines passiven Einkommens durch seine Immobilien oder Beteiligungen an Unternehmen erzielt.

Tobias hat sich nach der Besichtigung sofort dazu entschieden, in die Immobilie zu investieren, weil er dadurch jeden Monat 500 Euro mehr zur Verfügung haben wird. Durch den Kauf der Immobilie bekommt er Mieteinnahmen und kann davon alle mit der Immobilie zusammenhängenden Kosten zahlen. Es bleibt dabei ein Überschuss von 500 Euro im Monat für ihn übrig. Zum Mittagessen gehen sie in eine örtliche Pizzeria, um sich über das Investieren an sich näher auszutauschen.

Nach der Bestellung ihres Essens fragt Stefan zögerlich: «Du hast alleine durch die Investition in das Mehrfamilienhaus jetzt jeden Monat 500 Euro mehr zur Verfügung, ohne dafür in irgendeiner Weise arbeiten zu müssen. Die Kellnerin, die hier für den Mindestlohn von knapp 10 Euro pro Stunde arbeitet, müsste dafür jeden Monat über 50 Stunden kellnern. Findest du das nicht in gewisser Weise unfair oder unmoralisch, dass du einfach so fürs Nichtstun Geld erhältst?»

«Ich hatte mir schon fast gedacht, dass diese Frage irgendwann kommen würde. Irgendwie gibt es in Deutschland eine ganz seltsame und verquere Einstellung zu Zinsen und Kapitalerträgen.

Die Linken bezeichnen es gerne als leistungsloses Einkommen, weil dafür schließlich nicht hart gearbeitet werden muss, und sie wollen deshalb die Steuern darauf ständig weiter erhöhen. Die Armen regen sich über die Reichen auf, weil die angeblich nichts leisten und auf Kosten der Allgemeinheit durch Zinsen andauernd reicher werden. Systemkritiker fordern schon seit Jahrhunderten, dass die Zinsen abgeschafft werden sollten, damit die Schere zwischen Arm und Reich nicht noch weiter auseinanderdriftet.

Meiner Meinung nach würde unsere Gesellschaft ohne Zinsen und Kapitalerträge nicht funktionieren und es gibt gute Gründe dafür, dass du mit Geld weiteres Geld verdienen kannst.

Bevor ich dir erkläre, warum meiner Meinung nach Zinsen unabdingbar sind, sollten wir uns zuerst anschauen, woher diese negative Einstellung zu diesem Thema herrührt.

Meiner Erfahrung nach ist diese Einstellung in Deutschland nämlich sehr weitverbreitet, sodass nur die wenigsten Menschen ihr Geld investieren. Ich denke, diese Sichtweise ist zu einem erheblichen Teil auf die christliche Religion zurückzuführen. So wurde es bereits im Alten Testament verboten, für das Verleihen von Geld Zinsen zu verlangen. Dieses Verbot wurde nur ganz allmählich über die Jahrhunderte abgeschwächt. Erst 1830 wurde das katholische Zinsverbot dann endgültig von Papst Pius VIII. komplett abgeschafft. Trotzdem bleiben solche über Jahrhunderte bestehende und regelmäßig eingebläute ‚Wahrheiten' und Glaubenssätze in den Köpfen der Menschen verankert und werden an die nächsten Generationen weitergegeben. Auch durch die starken sozialistischen und kommunistischen Auswirkungen in der DDR wurde diese Einstellung weiter verstärkt und das Anhäufen von Kapital sogar verachtet.

Für die meisten Menschen spielt die Religion heutzutage keine so große Rolle mehr wie im Mittelalter. Trotzdem haben viele christliche und religiöse Sichtweisen in den Köpfen der Menschen ihre Gültigkeit behalten und weiterhin Einfluss in deutschen Gesetzen. So dürfen zum Beispiel selbst heutzutage bei Krediten unter Privatpersonen keine Zinseszinsen, sondern nur ‚normale' Zinsen genommen werden.

Es gibt ein paar ganz einfache Gründe, warum das Vermehren des Geldes nicht unmoralisch ist. Zuallererst müssen wir verstehen, warum es überhaupt Zinsen gibt. Wenn wir

Geld verdient haben, gibt es für uns eigentlich (vereinfacht) nur zwei Möglichkeiten, was wir mit dem Geld tun können: Entweder geben wir es für Konsum aus oder wir nutzen es zur Vermehrung.

Mit unserem Einkommen müssen wir zuallererst unsere Kosten für unsere Grundbedürfnisse wie Miete, Essen und Strom decken. Wenn dann noch Geld übrig ist, können wir es entweder dazu verwenden, uns weitere Wünsche zu erfüllen oder wir können das Geld für uns arbeiten lassen. Es wird bei der Diskussion gerne vergessen, dass das Geld nicht einfach so vom Himmel gefallen ist, sondern erst einmal verdient werden musste.

Bei unseren letzten Treffen haben wir ja schon näher besprochen, dass du dafür Probleme von anderen Menschen lösen musst und dann im Austausch dafür Geld erhältst. Im ersten Schritt muss ich also etwas leisten und dann das Geld sparen.

Dieses Geld könntest du dann zum Beispiel für ein Jahr an einen anderen Menschen verleihen. Aber würdest du dein Geld verleihen, wenn du dadurch keinen Vorteil hättest? Natürlich nicht! Wieso solltest du hart arbeiten, Geld durch Konsumverzicht sparen und es dann jemand anderem zur Verfügung stellen, ohne dafür einen Ausgleich zu bekommen?

Das ist der mit Abstand wichtigste Grund, warum es Zinsen gibt. Durch die Investition von Geld verzichte ich nämlich im Hier und Jetzt auf möglichen Konsum und schiebe damit die Erfüllung meiner Wünsche für die Zukunft auf. Ich sollte also einen bestimmten Betrag als Ausgleich erhalten.

Zudem haben wir in der Regel Inflation, sodass dein Geld mit der Zeit an Wert verliert und du dir immer weniger dafür kaufen kannst. Wenn du Geld an andere Menschen verleihst, ohne Zinsen dafür zu verlangen, kannst du dir später also weniger davon kaufen als jetzt. Es widerspricht einfach komplett der menschlichen Natur, keinen Gegenwert zu wollen, und fast niemand würde unter diesen Umständen größere Summen Geld verleihen. Selbst wenn es dir unglaublich viel Spaß bereiten würde, würdest du nicht Vollzeit kostenlos für einen anderen Menschen oder ein anderes Unternehmen arbeiten.

Dazu kommt, dass du bei einer Investition sehr oft auch ein Risiko eingehst. Wenn ein Schuldner eine ganz schlechte Bonität und sehr viele andere Schulden besitzt, ist das Risiko viel größer, dass die Person pleitegeht und du gar kein Geld mehr zurückerhältst. Dieses Risiko muss ebenfalls angemessen vergütet werden, denn sonst würdest du schließlich kein Geld an ihn verleihen.

Wenn du die Wahl zwischen Schuldner A mit einer sehr guten Bonität und Schuldner B mit einer sehr schlechten Bonität hast und beide zum Beispiel 6 Prozent Zinsen pro Jahr zahlen, würdest du natürlich bei gleichem Zinssatz die Investition mit niedrigerem Risiko wählen. Im schlimmsten Fall ist dein verliehenes Geld komplett weg, weil die andere Person Insolvenz anmeldet. Die Zinsen müssen also auch eine angemessene Kompensation für das eingegangene Risiko sein.

Bei der Investition in das Mehrfamilienhaus trage ich zum Beispiel das Risiko, dass Mieter ausfallen und nicht mehr zahlen, die Lage der Immobilie sich verschlechtert und der Wert daher sinkt, größere Schäden an der Immobilie entdeckt werden und ich auf einen Schlag zehntausende Euro zu zahlen habe.

Ein weiterer wichtiger Punkt ist, dass es auch eine Nachfrage nach dem Kapital geben muss. Das heißt, du kannst nur weiteres Geld mit dem Kapital verdienen, wenn jemand das Geld gerne zur Umsetzung einer Geschäftsidee oder für seinen eigenen Konsum verwenden möchte. Die Zinsen für das Geld sind genauso wie die Preise für Milch im Supermarkt die Folge von Angebot und Nachfrage.

Das heißt, ich kann als Geldverleiher nicht einfach 15 Prozent im Jahr einstreichen, wenn nicht jemand anderes dazu bereit ist, die Zinsen (freiwillig!) zu zahlen. Es besteht also für beide Seiten ein großer Vorteil. Der eine erhält auf sein Geld eine Rendite und der andere kann das Geld zu einem bestimmten Preis leihen, wenn er es benötigt, und sich damit zum Beispiel eine Selbstständigkeit aufbauen.

Der Kapitalmarkt und das Verleihen von Geld hat schon eine Jahrtausende alte Tradition, weil es einfach sinnvoll ist und ein gewisser Teil der Gesellschaft sich permanent Geld leihen und ein anderer Teil sein Geld verleihen will. Durch den Kapitalmarkt und die Zahlung eines bestimmten Zinssatzes treffen Kapitalgeber und Kapitalnehmer aufeinander und sorgen dafür, dass das Kapital optimal genutzt wird.

Wenn ich aktuell zum Beispiel 100.000 Euro angespart und keine gute Idee habe, wie ich das Geld sinnvoll verwenden kann, kann ich es jemand anderem geben, der eine gute Idee hat und dafür Geld benötigt.

Wenn ich damals, als es noch empfindliche Strafen für das Verlangen von Zinsen gab, Geld für einen bestimmten Zweck benötigte und es nicht selbst aufbringen konnte, war es sehr schwierig, jemanden zu finden, der einem dieses Geld gab, denn aus welchem Grund hätte er mir sein hart verdientes Geld leihen sollen?

Die Folge hiervon war, dass die Kapitalnehmer letztendlich viel höhere Zinsen bezahlen mussten, weil viel weniger Menschen bereit waren, Geld zu verleihen. Das Risiko für die Gläubiger war natürlich viel höher: einerseits bei den illegalen Geschäften entdeckt zu werden, und andererseits, dass der Schuldner das Geld nicht zurückzahlen konnte oder wollte und der Kapitalgeber dann aber auch nicht die Möglichkeit hatte, sich an den Staat zu wenden und sein Geld, inklusive Zinsen, einzuklagen.

In einem freien Markt, wo die einzelnen Marktteilnehmer frei untereinander Verträge schließen können, ohne durch Vorschriften eingeschränkt zu werden, werden beide Vertragsparteien darauf achten, einen Vorteil zu haben. In diesem Fall hat der eine das Geld zur Verfügung und der andere erhält dafür einen angemessenen Zinssatz. Es ist also in keinster Weise unmoralisch, weil beide von diesem Vertrag profitieren und hinter den Zinsen auch eine Leistung steht. Deswegen ist es gut, dass es Zinsen gibt.»

Gerade als Tobias seine Ausführungen beendet hat, bringt die Kellnerin den beiden ihre Pizzen und Stefan muss schmunzeln. Als die Kellnerin wieder weg ist, sagt er zu Tobias: «Okay, das hört sich für mich alles schlüssig an. Es ist vollkommen angemessen, dass du durch die Investition mehr als die Kellnerin verdienst, weil du durch den Kauf des Mehrfamilienhauses alle Risiken auf dich nimmst und mir als Mieter die Möglichkeit gibst, zu einem festen monatlichen Betrag die Wohnung zu nutzen. Als Mieter bleibe ich flexibel und kann unter Umständen in kürzester Zeit hunderte Kilometer umziehen. Außerdem kann ich bei einem Schaden in der Wohnung einfach meinen Vermieter anrufen, der sich dann um die Reparatur kümmern muss. Das habe ich selbst auch schon einige Mal gemacht, als meine Heizung nicht mehr funktioniert hat oder irgendetwas anderes mit meiner Wohnung war. Du musst schließlich auch erst einmal durch Konsumverzicht das nötige Geld für die Investition beschaffen.

Aber was ist mit der Meinung der Systemkritiker? Es ist doch wirklich so, dass die Zinsen die Ungleichheiten und die Kluft zwischen Arm und Reich verstärken. Mir ist jetzt klar, dass Zinsen benötigt werden und bei einer Abschaffung das Verleihen einfach nur teurer werden würde. Es hätte also insgesamt sehr negative Auswirkungen. Das sehe ich jetzt auf jeden Fall. Warum sagen dann so viele Menschen, dass wir ohne Zinsen eine gerechtere Gesellschaft hätten?»

Tobias schaut Stefan an und sagt: «Da siehst du mal wieder, was für eine verquere Weltsicht unter dem Deckmantel der Gerechtigkeit verbreitet wird. Wir müssen zuerst einmal definieren, was wir überhaupt unter Gerechtigkeit verstehen. Die Linken verstehen darunter in der Regel absolute Gleichheit aller Menschen, auch wenn die Menschen ganz verschieden sind und auch unterschiedlich viel leisten.

Das wäre so, als würdest du in der Schule allen Kindern die gleiche Note geben, auch wenn sie unterschiedlich viele Fragen richtig beantwortet haben. Wenn es nach den Linken ginge, würden alle Menschen gleich viel Geld verdienen und gleich vermögend sein. Das ist allerdings absoluter Schwachsinn, weil jeder Mensch durch sein Wissen und seinen Einsatz auch andere Werte für die Gemeinschaft liefert.

So kann ich als Kellner in einer Pizzeria nur sehr wenigen Menschen einen Mehrwert bieten und ich benötige auch keine große Ausbildung, um den Job ausüben zu können. Als Vorstandschef eines großen Konzerns kann ich Investitionsentscheidungen in Milliardenhöhe treffen und mit meinen strategischen Überlegungen die Arbeitsplätze von Hunderttausenden bewahren. Alleine für diese riesige wirtschaftliche Verantwortung wird der Vorstand gut bezahlt. Im Gegensatz zum Kellner könnten wir auch einen Radiologen nehmen, der fast ein Jahrzehnt durch Studium und die Zeit als Facharzt ausgebildet wird.

Diese Menschen werden alle unterschiedlich bezahlt, weil sie einen ganz anderen ökonomischen Wert einbringen können. Für mich wäre es ungerecht, wenn zwei Menschen das Gleiche leisten und dafür unterschiedlich bezahlt werden. Wie es zum Beispiel in manchen Unternehmen leider heutzutage noch bei Frauen und Männern der Fall ist. So werden manchmal Frauen einfach nur wegen ihres Geschlechts schlechter bezahlt, obwohl sie das Gleiche leisten.

Wir können also schon einmal festhalten, dass es in Ordnung ist, wenn Menschen unterschiedlich bezahlt werden. Es sollte nur jeder die Möglichkeit haben, aus eigenen Bestrebungen aufsteigen zu können und sein Einkommen durch die eigene Weiterbildung zu steigern. Meiner Meinung nach ist Chancengerechtigkeit also deutlich wichtiger als die Gleichheit aller Menschen. Das Ganze lässt sich auch auf das jeweilige Vermögen der Menschen übertragen.

Die Reichen haben einfach verstanden, dass sie einen bestimmten Anteil ihres Einkommens sparen und in einkommensproduzierende Vermögenswerte investieren müssen. Sie schaffen durch ihre Unternehmen Mehrwerte und investieren das gesparte Geld dann in Dinge, die weiteres Geld einbringen. Die allermeisten Reichen sind dadurch vermögend, dass sie die Grundgesetze des Reichtums verstanden haben und für sich anwenden.

Natürlich gibt es auch ahnungslose Erben, die allerdings in den meisten Fällen das Geld früher oder später verlieren, wenn sie damit nicht gut umgehen können. Forscher haben untersucht, wie die Verteilung des Vermögens aussehen würde, wenn du wie Robin Hood den Reichen das Geld wegnehmen und unter allen Menschen gleichmäßig verteilen würdest, sodass jeder das gleiche Vermögen hätte.

Das Ergebnis der Untersuchung war, dass nach einem Jahr die Vermögensverhältnisse wieder fast genauso wären, wie sie zu Anfang waren. Die Armen würden das geschenkte Vermögen dazu nutzen, sich zum Beispiel ein neues Auto zu kaufen oder irgendwo Urlaub zu machen. Das Geld würden sie also für Konsum verwenden. Die Reichen würden stattdessen mit dem Geld Werte schaffen und Immobilien oder Aktien kaufen, sodass sie ihr Vermögen wieder aufbauen. Sie würden ihr Geld also zur Investition nutzen.

Niemand zwingt die Menschen, ihr Geld auf eine bestimmte Art und Weise zu verwenden. Durch die Art der Verwendung ihres Geldes legen sie allerdings die Saat für ihr zukünftiges Vermögen. Ich kann nicht ernsthaft erwarten, durch das Ausgeben von Geld vermögender zu werden.

Die Forderung eines Zinsverbots wäre dabei so effektiv, als würdest du aus purem Neid Gemüse und Obst als Nahrung verbieten wollen, damit die Menschen nicht dünn sein können. Dadurch würden die schlanken, gesunden und sportlichen Menschen nicht auf einmal dick werden oder weniger auf ihre

Ernährung achten. Sie würden einfach alternative Wege suchen, um das Verbot umgehen zu können oder sich auf andere Weise gesund zu ernähren.

Jedes Ergebnis in deinem Leben, wie das eigene Einkommen, das Vermögen oder die Gesundheit, ist das Resultat deiner Handlungen. Wenn du den ganzen Tag über nur auf der Couch hockst und Chips in dich reinstopfst, wirst du über kurz oder lang dick werden. Wenn du keinen Wert auf Weiterbildung legst und lieber den ganzen Tag über die Reichen schimpfst, anstatt einen größeren Mehrwert zu liefern, wird dein Einkommen weiterhin stagnieren. Wenn du kein Geld sparst und es komplett für Konsum raushaust, kannst du auch kein Vermögen aufbauen.

Natürlich kannst du durch dein Elternhaus, deine Vorbildung oder geerbtes Vermögen einen Vorteil gegenüber anderen haben, doch der Großteil des Erfolgs ist das Resultat deiner eigenen Handlungen. Das Problem ist also nicht unser Zinssystem. Das wirkliche Problem liegt in der fehlenden Bildung zum Thema Geld und der mangelnden Motivation, selbst aktiv zu werden und etwas an der eigenen Situation zu verändern.»

Stefan runzelt die Stirn, während er seine Pizza weiter isst. Tobias Ansichten und Erklärungen bringen ihn stark ins Grübeln. Nach einer kurzen Pause sagt er: «Das hört sich schlüssig an. Die meisten Menschen sind mit ihrem eigenen Einkommen und Vermögen unzufrieden, sodass sie gerne gegen die Reichen und das Wirtschaftssystem hetzen. Es ist einfach leichter, die Schuld für den eigenen Misserfolg bei jemand anderem zu suchen. Sie sagen dann: ‚Die anderen sind nur reich, weil das Wirtschaftssystem mit den Zinsen so unfair ist und sie andere über den Tisch gezogen haben. Sie beuten ihre Angestellten aus und übervorteilen ihre Geschäftspartner.'

Wenn ich allerdings wirklich vermögend werden möchte, muss ich selbst aktiv werden und mich weiterentwickeln. Ich muss die Verantwortung bei mir sehen und selbst handeln. Mir ist jetzt vollkommen klar, dass ich mich ins Investieren einarbeiten und dann mein Geld vermehren möchte. Durch die Veränderung meiner Ausgaben habe ich jeden Monat etwas Geld übrig, das ich investieren kann.»

Tobias nickt Stefan zustimmend zu und freut sich innerlich sehr über Stefans Fortschritt. Vor Kurzem war ihm das Investieren und Geld vermehren noch zu unmoralisch und jetzt möchte er mit dem Investieren durchstarten. Die restliche Zeit ihres Treffens essen sie die Pizzen und diskutieren noch über Tobias neueste Investition und worauf er bei der Investition in Immobilien grundsätzlich achtet. Schließlich hat Stefan seine Absicht erklärt, Investieren zu erlernen.

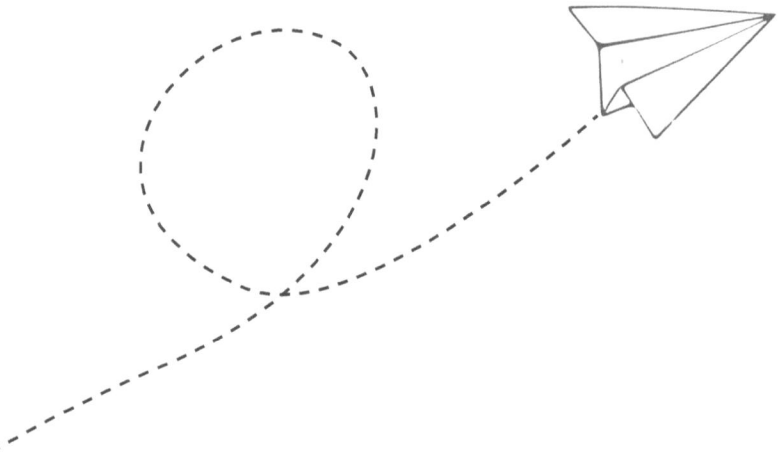

Finanzielle Unwissenheit ist das größte Risiko

Eine Woche nach dem letzten Treffen verabreden sich Tobias und Stefan zu einem weiteren Coachingtermin. Tobias kommt wieder bei Stefan zu Hause vorbei, weil er mit ihm etwas besprechen will. Stefan kann es kaum abwarten und ihm sprudelt direkt die erste Frage heraus: «Ich habe viel über unser letztes Treffen nachgedacht und auch mit ein paar Kollegen über das Investieren an sich gesprochen. Alle haben mir davon abgeraten, in Aktien zu investieren, weil es viel zu risikoreich wäre und ich nur mein Geld verlieren würde. Oder sie meinten, bei einer Immobilie als Kapitalanlage hätte ich ja viel zu große Risiken mit Reparaturen oder Mietnomaden.

Mein Gefühl sagt mir schon, dass ich nicht auf sie hören sollte und es in Wahrheit gar nicht so risikoreich ist. Trotzdem habe ich irgendwie die innere Stimme, die mich vor dem Investieren warnt. Was sagst du zum Thema Risiko und Investieren?»

Tobias antwortet begeistert: «Deine Intuition hört sich doch schon mal sehr gut an! Du solltest nur von Leuten Ratschläge annehmen, die sich mit dem Thema intensiv auseinandergesetzt haben und auch praktische Erfahrungen vorweisen können. Erinnere dich einfach an den Übergewichtigen, den du auch nicht nach Sport- und Ernährungstipps fragen würdest. Beim Investieren ist es genau das Gleiche. Die meisten Menschen werden dir erzählen, dass das Investieren in Aktien und Immobilien viel zu risikoreich sei. Dabei haben sie überhaupt kein großes Vermögen oder jemals größere Summen in dem Bereich investiert. Viele haben ein einziges Mal Geld am Aktienmarkt verloren oder kennen jemand anderen, der mit Aktien Verluste erlitten hat. Durch diese einzige, sehr begrenzte Erfahrung zum Investieren erzählen diese Menschen jetzt alle, dass die Börse risikoreich ist oder du dort eigentlich nur Geld verlieren kannst.

Du wirst allerdings niemals von erfahrenen Investoren hören, dass die Börse oder der Aktienmarkt gefährlich sind.

Unwissenheit ist an der Börse das größte Risiko. Wenn du ohne Kenntnis der Verkehrsregeln Auto fährst, baust du sehr wahrscheinlich einen Unfall. Im schlimmsten Fall zerstörst du nicht nur dein Auto, sondern verlierst auch noch dein Leben und riskierst das Leben anderer Verkehrsteilnehmer.

Wenn du Poker ohne Kenntnis der Regeln spielst, wirst du zwangsläufig verlieren. Du kannst kein Spiel gewinnen, bei dem du noch nicht mal die Regeln kennst.

Wenn du in ein neues Land auswanderst und die dortigen Gesetze und Regeln nicht kennst, wirst du zwangsläufig irgendwann gegen Gesetze verstoßen und riskierst damit eine Gefängnisstrafe.

An der Börse ist es genauso wie in vielen anderen Bereichen auch: Wenn du die Grundregeln des Investierens nicht verstehst, wirst du zwangsläufig irgendwann Geld verlieren oder sogar deine wirtschaftliche Existenz aufs Spiel setzen. Daran ist aber weder die Börse noch irgendjemand anderes Schuld, sondern einzig und alleine du selbst. Jedes Mal, wenn du die Grundregeln des Investierens verletzt, verlierst du Geld.

Investieren ist also überhaupt nicht risikoreich, wenn du die Grundregeln verstanden hast. Hättest du Interesse daran, dass ich dir diese erkläre?»

Stefan nickt und antwortet: «Selbstverständlich möchte ich die Grundregeln des Investierens erfahren! Bevor ich damit starte, wäre es ganz sinnvoll, zu wissen, was ich beachten muss. Es klingt für mich auf jeden Fall auch logisch, dass du die Spielregeln lernen solltest, bevor du in ein neues Spiel einsteigst. Du hast außerdem recht damit, dass keiner meiner Kollegen regelmäßig Geld investiert und dadurch auch keine große Ahnung von dem Thema haben kann. Wie sollen die denn auch investieren, wenn bei ihnen gar kein Geld am Ende des Monats dafür übrigbleibt. Vor nicht allzu langer Zeit war das bei mir ja auch noch so.»

Tobias schmunzelt und sagt: «Das stimmt. Bis vor Kurzem bist du mit deinem Geld ja auch nicht ausgekommen und hättest anderen Menschen das Gleiche übers Investieren erzählt, was du jetzt von deinen Kollegen gehört hast. Für den Einstieg und das Fundament deines Vermögensaufbaus eignen sich Aktien sehr gut. Ich möchte dir deshalb einfach mal am Beispiel des Aktienmarkts die Grundregeln des Investierens erklären.

Grundregel Nummer 1:
Verstehe zu 100 Prozent, in was du investierst.
Das ist mit Abstand die wichtigste und am meisten missachtete Regel beim Investieren. Bevor du Geld in irgendeine Sache investierst, solltest du zu 100 Prozent verstanden haben, was die jeweiligen Chancen und auch Risiken des Produktes sind. Dir muss zum Beispiel klar sein, dass du bei der Investition in eine einzige Aktie dein komplettes Geld verlieren kannst. Zudem solltest du verstanden haben, was eine Aktie überhaupt ist. Daran scheitert es nämlich in den allermeisten Fällen schon.

Eine Aktie ist die Beteiligung an einem Unternehmen. Das bedeutet, durch den Besitz einer Aktie gehört dir auch ein kleiner Teil dieses Unternehmens. Du verdienst also langfristig Geld, wenn das Unternehmen durch Innovationen, neue Produkte und höhere Gewinne im Wert steigt. Außerdem gibt es auch noch viele Unternehmen, die einen Teil ihres Gewinns an die Aktionäre ausschütten. Das bedeutet, dir wird dann einmal im Jahr, quartalsweise oder sogar monatlich eine Dividende ausgeschüttet. Aktien rentieren dabei langfristig im Durchschnitt mit 7 Prozent pro Jahr und haben damit deutlich bessere Renditen als die meisten anderen Anlageklassen.

Das hört sich jetzt erst einmal alles schön an, doch du musst natürlich auch die Risiken verstehen. Im Gegensatz zum Geld auf dem Konto schwankt der Aktienmarkt nämlich ziemlich stark. Ich glaube, die Schwankungen an der Börse schrecken die meisten Menschen erst mal ab, weil sie kein Geld verlieren wollen beziehungsweise früher auch noch Zinsen auf dem Konto bekommen haben. Hierbei ist es ganz wichtig zu verstehen, dass jede Aktie innerhalb eines Crashs durchaus in kürzester Zeit (zum Beispiel einem Jahr) 50 Prozent oder mehr an Wert verlieren kann. Im schlimmsten Fall kann sogar das Unternehmen pleitegehen, sodass das gesamte Geld verloren geht.

Du musst verinnerlichen, dass der Aktienmarkt langfristig gesehen im Durchschnitt um 7 Prozent pro Jahr steigt. In einem Crash hast du also nur kurzfristige Verluste, die mit der Zeit auch wieder ausgeglichen werden. Die Durchschnittsrenditen lassen sich also nur erzielen, wenn du langfristig investierst und das Geld nicht zu einem festen Zeitpunkt benötigst. Das bedeutet, dass du nach einem Jahr durchaus schon mal 20 Prozent Verlust haben kannst. Du darfst deine Aktien zu diesem Zeitpunkt nicht verkaufen.

Deswegen wird für Aktien geraten, dass du dein Geld mindestens für zehn bis fünfzehn Jahre investieren solltest. Zudem kannst du dein Risiko reduzieren, indem du regelmäßig in den Aktienmarkt investierst und dadurch zu unterschiedlichen Kursen kaufst. Wenn der Aktienmarkt nämlich gerade stark gefallen ist, hast du sehr wahrscheinlich einen ziemlich guten Einstiegspunkt. Nur weil der Aktienkurs stark gesunken ist, bedeutet das noch lange nicht, dass das dahinterstehende Unternehmen jetzt weniger Gewinne schreibt oder weniger Produkte verkauft.

Die gute Rendite ist übrigens die Folge davon, dass du die Kursschwankungen und das höhere Risiko aussitzen kannst. Du wirst nirgendwo eine Anlage finden, die weniger Risiken und eine gleich hohe Rendite hat, denn sonst würde ja niemand sein Geld in Aktien stecken. Wenn es irgendwo für ein niedrigeres Risiko die gleiche Rendite gäbe, würde niemand das höhere Risiko am Aktienmarkt eingehen. Bis hierhin verständlich?»

«Puh. Das sind ganz schön viele Informationen! Also, ich habe es so verstanden, dass ich mich mit Aktien an Unternehmen beteiligen und dadurch langfristig eine Durchschnittsrendite von 7 Prozent erzielen kann. Das wäre ja schon mal ein wirklich gutes Ergebnis, was ich mit Anleihen oder den Zinsen auf meinem Konto nicht annähernd erreichen kann. Die Rendite erhalte ich allerdings nur dadurch, dass ich langfristig investiere und temporäre Kursschwankungen aussitzen kann. Wenn ich in einem Crash meine Aktien verkaufe, mache ich Verluste und kann nicht von den zukünftigen Kurssteigerungen profitieren», fasst Stefan die wichtigsten Punkte zusammen.

Tobias klatscht in die Hände und sagt zu Stefan: «Perfekt! Damit weißt du schon mehr über das Investieren in Aktien als 90 Prozent der Bevölkerung. Die allermeisten investieren Geld in Aktien, obwohl sie nicht genau wissen, was eine Aktie ist, und verkaufen direkt, wenn die Aktie in einem Crash oder in einer Marktkorrektur mal 10 oder 20 Prozent an Wert verliert. Dabei sind gerade dann gute Einstiegschancen oder der Investor müsste die Aktie einfach nur behalten, um seine gute Rendite zu erzielen.

Aber kommen wir zur nächsten Regel beim Investieren.

Grundregel Nummer 2:
Streu dein Geld breit.
Durch die Wahl von vielen verschiedenen Aktien kann das Risiko eines Totalverlusts und schlechter Renditen minimiert werden, denn es werden niemals alle Unternehmen pleitegehen oder sich schlecht entwickeln. Viele begehen den Fehler und investieren ihr gesamtes Vermögen ausschließlich in eine oder nur sehr wenige Aktien. In diesem Fall ist das Risiko natürlich sehr hoch, dass das Unternehmen entweder pleitegeht oder keine positiven Renditen erzielt.

Ein klassisches Beispiel hierfür ist in Deutschland die Telekom-Aktie. Viele Menschen hatten noch nie an der Börse investiert und wurden durch die Werbung für die ‚Volksaktie' dazu ermuntert, ihr gesamtes Geld in die Telekom-Aktie zu investieren. Im nächsten Crash verlor die Aktie einen großen Teil ihres Wertes und viele verkauften und verloren einen Großteil ihres Vermögens. Sie hatten den großen Fehler begangen, ihr gesamtes Geld auf eine einzige Karte zu setzen. Das kann gut gehen, muss es allerdings nicht.

Bei der Investition in Aktien sollte das investierte Geld auf unterschiedliche Unternehmen, Branchen, Länder und Währungsräume, zum Beispiel Euro, US-Dollar, Yen, verteilt werden. Fonds kaufen zum Beispiel nach bestimmten Kriterien Aktien und durch die Investition in diese kannst du mit geringeren Kosten und geringeren Geldbeträgen bereits in hunderte oder tausende Unternehmen investieren. Mit einem ETF (eine bestimmte Art von Fonds) auf den MSCI All Country World Index deckst du zum Beispiel 46 Länder mit den größten 2.400 Unternehmen weltweit ab und hast dadurch eine enorm hohe Streuung.

Bei über 2.400 verschiedenen Unternehmen kannst du auf lange Sicht eigentlich gar kein Geld mehr verlieren. Wenn du dein Geld stattdessen lieber in ein bis fünf Unternehmen steckst, ist das Risiko deutlich höher.

Ich habe für mich selbst die Regel aufgestellt, dass ich in ein einzelnes Investment maximal 5 Prozent meines Vermögens stecke. Das bedeutet, bei einem Gesamtvermögen von 100.000 Euro würde ich maximal 5.000 Euro in eine einzelne Aktie investieren. In der Regel sind meine Positionen allerdings deutlich kleiner. Das muss natürlich jeder für sich abklären, wie groß einzelne Investitionen sein sollten. Ich kenne auch andere Investoren, die maximal 1 Prozent ihres Vermögens in einer einzigen Investition stecken haben wollen.»

«Sollte das nicht eigentlich selbstverständlich sein, dass du nicht dein gesamtes Geld auf eine einzige Aktie beziehungsweise Karte setzt? Damit gehe ich doch viel zu große Risiken ein und kann große Summen verlieren. Das mit diesen ETFs hört sich sehr spannend an. Mit einer Investition in mehrere tausend Unternehmen würde ich mich schon wohler fühlen als in nur eines.

Wenn ein Unternehmen unter tausenden pleitegeht, kann mir das eigentlich ziemlich egal sein. Wieso handeln dann nicht mehr Leute auf diese Weise und investieren in ETFs? Das hört sich doch ziemlich einfach an, oder nicht?», fragt Stefan.

«Da stellst du eine wirklich gute Frage. In Deutschland haben Aktien leider einen sehr schlechten Ruf und die Deutschen sind zudem auch noch sehr risikoscheu. Lieber setzen sie auf sichere, schwankungs- und risikoarme Anleihen oder lassen das eigene Geld auf dem Konto ‚versauern'. Das Ziel ist viel eher, Verluste zu vermeiden, anstatt hohe Renditen erzielen zu wollen. Zudem kommen noch die vielen negativen Glaubenssätze in Bezug auf das Investieren wie ‚Geld vermehren ist unmoralisch' oder ‚Die Börse ist nur etwas für Zocker' dazu.

Wenn die Menschen dann an den Aktienmarkt kommen, meinen sie, jeden Tag Aktien kaufen und verkaufen oder sich nur auf wenige Aktien beschränken zu müssen. Deswegen verlieren auch die meisten Akteure am Aktienmarkt auf lange Sicht nur Geld und die wenigsten streichen die durchschnittliche Rendite des Aktienmarktes ein. Dazu kommt noch, dass eine Investition in einen ETF eher langweilig ist, weil du nicht viel tun musst. Im Optimalfall kaufst du Anteile des ETFs und lässt diese dann einfach für Jahrzehnte liegen.

Du siehst also schon, wie wichtig die allererste Regel des Investierens ist.

Die meisten Menschen investieren nicht am Aktienmarkt, weil sie diesen nicht richtig verstehen. Und wenn die Deutschen irgendwie auf die Börse aufmerksam werden und anfangen, ihr Geld in Aktien zu investieren, machen sie häufig sehr viele teure Fehler: Sie investieren nur kurzfristig oder streuen das Geld nicht ausreichend.

Das ist wirklich sehr schade, weil langfristig gesehen am Aktienmarkt große Werte gestiftet werden und so auch Geringverdiener mit kleinem Geld ein Vermögen aufbauen können. Selbst bei einer Investition von nur 50 Euro im Monat kommst du mit einer unterstellten Rendite von 7 Prozent nach vierzig Jahren zu einem Vermögen von über 120.000 Euro. Davon sind nur 24.000 Euro selbst eingezahlt und knapp 100.000 Euro sind auf Zinsen zurückzuführen», erklärt Tobias.

Stefan antwortet verwundert: «So viel Geld ist alleine auf die Zinsen zurückzuführen? Das ist ja wirklich heftig und das hätte ich in diesem Ausmaß niemals gedacht. 50 Euro im Monat klingt schließlich nicht nach besonders viel Geld. Da ist es natürlich wirklich schade, dass sich die meisten Deutschen vom Aktienmarkt fernhalten oder viele Fehler machen. Lass uns also mit den nächsten Grundregeln fortfahren, damit mir das nicht passiert.»

«Haha, ja, gerne erkläre ich dir die nächsten Regeln. Noch mal zurück zu dem Geringverdiener und der Investition von 50 Euro im Monat. Das ist ein typisches Beispiel dafür, wie stark der Zinseszinseffekt über lange Zeiträume wirkt und was dabei herauskommen kann. Ich unterschätze die Wirkung auch noch hin und wieder, obwohl ich es eigentlich besser wissen müsste. Unser Gehirn ist nicht dazu gedacht, exponentielle Veränderungen zu verstehen. Doch weiter mit den Grundregeln.

Grundregel Nummer 3:
Nur Geld investieren, welches du nicht benötigst.
Neben dem mangelnden Verständnis des Aktienmarktes und der geringen Streuung ist es einer der häufigsten Fehler, Geld zu investieren, das kurzfristig benötigt wird. Ich hatte ja bereits zuvor erklärt, dass die Börse über kurze Zeit auch mal deutliche Verluste bescheren kann und hohe Renditen nur über längere Zeiträume erreicht werden können. Viele sehen die Börse leider wie ein Konto bei der Bank, bei dem sie jederzeit voll auf ihr Geld zugreifen und es bei Bedarf einfach wieder entnehmen können.

Durch die hohen Schwankungen sollte jedoch nur Geld an der Börse investiert werden, auf das vollkommen verzichtet werden kann und das in den nächsten zehn bis fünfzehn Jahren nicht benötigt werden wird. So begehen viele den Fehler, Geld an der Börse zu investieren, welches sie zum Beispiel in genau fünf Jahren zum Bau eines Hauses verwenden wollen. Wenn zu diesem Zeitpunkt gerade ein Crash ist, müssen im schlimmsten Fall hohe Verluste in Kauf genommen werden.

Du solltest daher, wie schon gesagt, auf einem Konto einen Puffer für unvorhergesehene Ereignisse aufbauen, damit du bei einem Jobverlust oder einer größeren Autoreparatur nicht direkt auf deine Aktieninvestments zurückgreifen musst.

Zudem kann es bei Missachtung der anderen Regeln auch dazu kommen, dass du nicht nur kurzfristige Verluste hinnehmen musst. Wenn du zum Beispiel dein ganzes Geld in ein einziges Unternehmen steckst und das dann pleitegeht, ist das schon sehr ärgerlich.

Wenn es sich dann bei dem Geld allerdings auch noch um die Rücklagen für das Studium der Kinder handelt, ist es noch um ein Vielfaches schlimmer. Du wirst natürlich nicht dein ganzes Geld am Aktienmarkt verlieren, wenn du die anderen Regeln beachtest. Trotzdem solltest du zur Absicherung wirklich nur das Geld investieren, das du die nächsten zehn bis fünfzehn Jahre nicht benötigst. Ich rate dir auch dringend davon ab, Geld zu leihen, um damit dann an der Börse zu investieren.

In den letzten Jahren habe ich leider viel zu oft erleben müssen, wie durch Investitionen mit geliehenem Geld ganze Existenzen zerstört wurden, weil die Familien hinterher mehr Schulden als Vermögen hatten und dann Insolvenz anmelden mussten. Geld an der Börse zu verlieren, ist zwar nicht schön, aber man sollte sicherstellen, dass es niemals existenzbedrohend werden kann.

Selbst die größten Investoren arbeiten im Hauptteil komplett ohne Kredite oder nutzen diese nur in sehr geringem Maße. Deshalb Finger weg davon, wenn du nicht mindestens einen Crash positiv überstanden und viele Erfahrungen in diesem Bereich hast», warnt Tobias mit ernstem Blick.

Stefan sagt wie aus der Pistole geschossen: «Dafür bin ich viel zu risikoscheu. Ich würde mir niemals Geld leihen, um damit an der Börse zu spekulieren. Vor allem ohne große Vorerfahrungen im Investieren werde ich bestimmt auch bei Beachtung deiner Grundregeln den ein oder anderen Fehler machen. Bei diesem Punkt brauchst du dich also um mich überhaupt nicht zu sorgen.»

«Das freut mich zu hören. Viele wollen einfach unglaublich schnell an der Börse Geld verdienen und reich werden. Die allermeisten schaffen es natürlich nicht und verlieren dadurch nur viel Geld. Deswegen ist es für die meisten auch das Beste einfach stur das Geld breit zu investieren und dann nicht mehr reinzuschauen. Kommen wir zur nächsten Grundregel.

Grundregel Nummer 4:
Beachte die Kosten.

Bankberater wollen einem ständig vermitteln, dass die höheren Kosten von Fonds nicht so schlimm seien, weil diese durch die deutlich bessere Performance der Fonds wieder hereingeholt würden. Ist natürlich klar, dass die das sagen, denn die Bank verdient ihr Geld durch die laufenden Gebühren ihrer Finanzprodukte. Dabei zeigen Statistiken, dass die meisten aktiv gemanagten Fonds nicht besser abschneiden als eine breit gestreute Investition in den Aktienmarkt. Dabei besteht auf lange Sicht ein großer Unterschied zwischen den verschiedenen Kostenstrukturen.

Nehmen wir zum Beispiel an, dass du einen ETF und einen aktiv gemanagten Fonds zur Auswahl hast. Beide investieren global in den Aktienmarkt und erzielen dadurch eine durchschnittliche Rendite von 7 Prozent. Der einzige Unterschied liegt in den laufenden Kosten. So hat der ETF laufende Kosten von 0,5 Prozent, was für einen ETF sogar noch relativ hoch ist. Der aktiv gemanagte Fonds hat dagegen laufende Kosten von 1,5 Prozent, was durchaus normal ist. Die meisten würden jetzt sagen, dass 1 Prozent kein so großer Unterschied ist und zu vernachlässigen wäre. Auf kurze Sicht mag das stimmen, weil es sich nur um kleine Summen handelt. Langfristig hat das allerdings massive Auswirkungen. Durch die höheren Kosten kommt der Zinseszinseffekt nämlich nicht voll zum Tragen. Wenn du jetzt vierzig Jahre lang jeden Monat 200 Euro investierst, hast du bei dem ETF ein stattliches Vermögen von 432.000 Euro aufgebaut. Beim aktiv gemanagten Fonds sind es dagegen nur 330.000 Euro. Dieser vermeintlich kleine Unterschied bei den Kosten führt am Ende zu 100.000 Euro weniger beim Endvermögen. Das heißt, du hast 100.000 Euro weniger, obwohl der aktive Fonds eigentlich die gleiche Rendite wie der ETF hat», erklärt Tobias, während er die verschiedenen Zahlen zur Ansicht auf ein großes Blatt schreibt.

Stefan blickt überrascht auf die Zahlen und sagt wütend: «Da siehst du mal wieder, wie viel Geld die Bank für sich einheimst. 100.000 Euro weniger am Ende ist wirklich schon unglaublich viel Geld, das einfach nur durch die laufenden Gebühren verschwindet. Jetzt kann ich mir auch gut vorstellen, warum sich die Banken diese riesigen Bürotürme in Frankfurt und anderen Bankenstädten leisten können. Alleine durch das Geld der Kunden. Dann ist es natürlich umso ärgerlicher, wenn diese teuren, aktiv gemanagten Fonds noch nicht mal eine höhere Rendite erwirtschaften als vergleichbare ETFs.»

Tobias schreibt auf den Zettel 66.000 Euro und sagt dazu: «Das ist eigentlich die Summe, die die Bank beziehungsweise Fondsgesellschaft an Gebühren über die vierzig Jahre hinweg verdient. Die restlichen 34.000 Euro sind darauf zurückzuführen, dass das einmal entnommene Geld sich ja nicht mehr weiter verzinsen kann. Letzten Endes ist der Bankkunde allerdings auch zu einem großen Teil selbst daran schuld. Wir können einem gewinnorientierten Unternehmen, was eine Bank nun mal ist, nicht vorwerfen, dass es möglichst viel Geld seine ihre Kunden einnehmen will. Bei der Geldanlage verdienen die Banken ihr Geld durch die gezahlten Gebühren des Kunden und nicht durch eine optimale Beratung oder das bestmögliche Anlageergebnis.

Das ist so, als würde ich meinen Friseur dazu befragen, ob ich einen neuen Haarschnitt brauche. Es besteht einfach ein Interessenskonflikt, den wir nicht außer Acht lassen können.

Lange Zeit haben die Menschen den Bankberatern zu 100 Prozent vertraut und gemeint, dass sie ja die Experten wären und nur die passenden Produkte vermitteln würden. Was für fatale Ergebnisse die hohen Gebühren durch den entgangenen Zinseszinseffekt haben, können die meisten nicht abschätzen.

Viele Deutsche wenden mehr Zeit für den Kauf eines neuen Mixers, Autos und sonstiger Geräte auf, als für die Planung ihrer Altersvorsorge. Es werden wochenlang Prospekte studiert, Testberichte gelesen und Vergleichsangebote von diversen Händlern eingeholt. Bei der Altersversorgung hingegen wird das erstbeste Produkt abgeschlossen, ohne darüber vorher auch nur im Ansatz nachzudenken.

Da brauche ich mich hinterher nicht zu wundern, dass ich nicht das bestmögliche Produkt zur Altersvorsorge erwischt habe. Ich habe mich schließlich auch nicht ausführlich genug damit beschäftigt und gegen die erste und wichtigste Regel des Investierens verstoßen: Verstehe zu 100 Prozent, in was du investierst.

Doch genug zu dem Thema Bankberater und Selbstverantwortung. Lass uns zu der letzten Grundregel des Investierens kommen.

Grundregel Nummer 5:
Behalte deine Emotionen im Griff.
Das ist mit Abstand die schwierigste Grundregel auf der Liste. Du kennst bestimmt die Situation, bei der du auf einer Hochzeit bist und eigentlich schon zu viel von dem köstlichen Buffet gegessen hast. Jetzt gibt es zum Nachtisch auch noch deinen Lieblingskuchen und du kannst dazu nicht Nein sagen. Rein rational weißt du, dass das sehr wahrscheinlich ein Fehler ist, aber deine Emotionen gewinnen. Die Folge ist, dass du am nächsten Tag

die schlimmsten Bauchschmerzen deines Lebens hast und sagst: ‚Ich esse nie wieder so viel Kuchen!'

Oder die Situation, dass du dir eigentlich vorgenommen hattest, jeden Morgen joggen zu gehen, und jetzt regnet es draußen wie aus Eimern. Rein rational weißt du, dass dir das Joggen gut tut und du dich danach gut fühlst. Der innere Schweinehund bringt dich allerdings dazu, im Bett zu bleiben, weil es so schön warm und gemütlich ist. Später ärgerst du dich über dich selbst, dass du nicht joggen warst und faul im Bett liegengeblieben bist.

Das große Problem ist, dass uns unsere eigenen Emotionen manchmal überwältigen und dazu bringen, Dinge zu tun, die eigentlich nicht gut für uns sind. An der Börse können deine Emotionen dazu führen, dass du aus Angst in einem Crash deine Aktien verkaufst oder dass du aus Gier dein ganzes Geld auf wenige Aktien setzt oder sogar mit geliehenem Geld investierst und damit folgenschwere Fehler begehst.

Du kannst also zusammenfassend sagen, es geht bei dieser Regel darum, dass du die ersten vier Grundregeln beim Investieren auch wirklich beachtest. Rein rational erscheinen dir die ersten vier Regeln wahrscheinlich auch logisch und selbstverständlich. Natürlich ist es sinnvoll, sein Geld nicht nur auf eine einzige Aktie zu setzen oder sich vorher sehr intensiv mit dem Investment auseinanderzusetzen.

Mir ist es zu Beginn auch einige Male passiert, dass ich mich nicht ausreichend mit meinen Investments beschäftigt und das Geld nicht genug gestreut habe. Ich war einfach gierig und wollte schnell reich werden. Das hat natürlich überhaupt nicht funktioniert und ich habe dabei große Summen verloren. Ich kann dir jetzt schon sagen, dass du mit großer Wahrscheinlichkeit auch irgendwann durch deine Emotionen getrieben Fehler begehen wirst.

Das größte Problem bei einem Crash ist einfach, dass eine Art Weltuntergangsstimmung herrscht und alle Nachrichtensender und Zeitungen dir vermitteln wollen, warum unser gesamtes Wirtschaftssystem zusammenbrechen wird. Da ist es schwer, rational zu bleiben und sich nicht von der Angst zu falschen Entscheidungen bewegen zu lassen.

So, das sind die wichtigsten fünf Grundregeln beim Investieren. Wenn du diese Regeln beachtest, stehst du schon besser da als 99,5 Prozent der Investoren. Ich denke, für heute reicht es mit neuen Inhalten. Da hast du auf jeden Fall einiges zum Verdauen und Nachdenken.»

REGELNUMMER

1. Verstehe zu 100 Prozent, in was du investierst.
2. Streue dein Geld breit.
3. Nur Geld investieren, welches du nicht benötigst.
4. Beachte die Kosten.
5. Behalte deine Emotionen im Griff.

«Das stimmt auf jeden Fall. Die ganzen Informationen muss ich erst mal verarbeiten und auf mich wirken lassen. Lass mich die fünf Grundregeln noch mal kurz zusammenfassen.

Ich denke auch, dass die letzte Grundregel am schwierigsten ist. Besonders wenn ich mich vor dem Investieren mit Aktien nicht so stark damit auseinandergesetzt habe, können mich die Emotionen in einem Crash zum Verkauf bringen. Ich weiß es selbst vom Sportbereich, wie schwer es manchmal ist, sich selbst zum Sport zu bewegen, wenn die Emotionen das nicht wollen und man sich so selbst im Wege steht. Mal schauen, wie das in der Zukunft beim Investieren klappen wird», antwortet Stefan.

«Genau das werden wir dann sehen. Ich wünschte, mir hätte damals jemand vor meinen ersten Investitionen diese Grundregeln beigebracht. Du wirst auch so noch genug Fehler machen, aber damit sind die größten und schlimmsten Fehler schon einmal ausgemerzt. Dann können wir in ein paar Wochen bei unserem nächsten Treffen fortfahren», erwidert Tobias und gibt Stefan zum Abschied die Hand.

Wahrer Reichtum & Finanzielle Freiheit

Knapp einen Monat ist es nun her, dass Tobias Stefan die Grundregeln des Investierens beigebracht hat. Seitdem hat Tobias nichts mehr von seinem Schützling bezüglich eines neuen Treffens oder offener Fragen gehört. Aus Neugier beschließt er daher, Stefan nach der Arbeit auf dem Parkplatz des Reisebüros abzupassen. Gegen 15 Uhr verlässt Stefan erschöpft das Reisebüro: «Was führt dich denn hierher?», fragt Stefan verwundert, als er Tobias auf dem Parkplatz erblickt.

«Ich wollte dir einfach mal einen Überraschungsbesuch abstatten und von dir erfahren, was du in den letzten vier Wochen alles umgesetzt hast. Sonst hast du mich ja bereits meistens nach kürzerer Zeit wieder angerufen oder hattest irgendwelche Fragen. Ich hoffe mal stark, dass du drangeblieben bist und nicht nur herumgesessen bist und Däumchen gedreht hast», antwortet Tobias und muss anfangen zu lachen.

Stefan beginnt mit großer Begeisterung zu erzählen: «Das ist wirklich eine große Überraschung. Damit hätte ich überhaupt nicht gerechnet. Die letzten Wochen über hat sich viel getan und ich hatte wirklich viel zu tun mit der Umsetzung.

Ich habe mir direkt nach unserem letzten Gespräch mehrere Bücher zum Investieren mit ETFs gekauft, weil sich das nach deinen Beschreibungen irgendwie am sinnvollsten angehört hat. Mir gefällt es, dass ich mit ETFs mein Geld breit in tausende Unternehmen streuen kann und dadurch nur ein sehr geringes Verlustrisiko habe. Deswegen habe ich nach der Lektüre auch sofort einen Wertpapiersparplan über 200 Euro aufgesetzt, der automatisch jeden Monat diesen Betrag in einen ausgewählten ETF investiert.

Das war innerhalb des letzten Monats allerdings nicht das Zeitaufwendigste. Ich habe weiter an meiner Selbstständigkeit gearbeitet, meinen Blog aufgesetzt, mich näher mit dem Thema Verkauf auseinandergesetzt und darüber nachgedacht, wie ich maximalen Mehrwert bieten kann. Das Interessante war, dass ich von meiner Geschäftsidee auf einer Geburtstagsparty eines Freundes berichtet habe und ich dort alleine durch das Berichten schon meinen ersten richtigen Kunden gewinnen konnte.

Das war vor über drei Wochen, da hatte ich noch nicht mal meine Webseite fertig und die Details zu meinem Produkt standen noch in den Sternen. Er meinte, dass er gerne mein erster Kunde wäre, sobald ich in die nebenberufliche Selbstständigkeit starte. Das hat mich dann umso mehr motiviert fortzufahren, meine Selbstständigkeit voranzutreiben.

Ich habe auch schon die Erlaubnis meines Arbeitgebers eingeholt. Zu Beginn war er komplett dagegen, doch dann habe ich ihm erklärt, dass es gar keine Konkurrenz für das Reisebüro ist. Schließlich werden in unserem Reisebüro keine so spezialisierten und maßgeschneiderten Reisen verkauft.»

«Das hört sich alles richtig gut an! Ich freue mich wirklich für dich! Leider kenne ich so viele Menschen, die andauernd Bücher zum Thema Geld verdienen und Selbstständigkeit lesen und niemals wirklich in die Umsetzung kommen. Sie ‚zerdenken' jede mögliche Hürde tausendmal und überlegen, was alles schiefgehen könnte. Durch ihre große Angst bleiben sie wie in einer Schockstarre in ihrem bisherigen Leben stecken und werden dadurch nur noch unglücklicher.

Da siehst du mal, was in so kurzer Zeit bereits alles passieren kann. Deine Geschichte zeigt, dass du dich sehr gut auf der Geburtstagsparty und gegenüber deinem Chef verkauft hast. Vor nicht allzu langer Zeit warst du noch komplett dagegen, anderen Leuten etwas zu verkaufen, und konntest dir das nicht vorstellen.

Mit dieser gedanklichen Veränderung und der anschließenden Umsetzung hast du einen wichtigen Grundstein für deinen Erfolg in der Selbstständigkeit gelegt. Ich freue mich darüber wirklich sehr und bin stolz auf deine Entwicklung! Steig ein und lass uns heute zur Feier des Tages etwas essen gehen», sagt Tobias und öffnet die Tür auf der Beifahrerseite seines Autos.

Stefan steigt ein und sagt zu Tobias: «Vielen Dank für dein Lob. Ja, ich habe mich zu Beginn auch viel gesorgt, aber das bringt letzten Endes auch nichts. Schließlich möchte ich mein Projekt mit den Karibikreisen gerne so umsetzen, dass ich nicht mehr auf meinen Hauptjob angewiesen bin und freier leben kann. Es verändert sich schließlich nur etwas, wenn ich auch etwas dafür tue und Mehrwerte für andere Menschen schaffe.

Die Erkenntnis, dass ich nur für Problemlösungen und Mehrwerte von anderen Menschen bezahlt werde, hat mich am Ende überzeugt und motiviert, meine Geschäftsidee auch wirklich umzusetzen. Besonders als wir gemeinsam meine mentalen Hürden und Ängste zu der Selbstständigkeit besprochen haben.»

Während der Fahrt erzählt Stefan weiter im Detail, welche Herausforderungen er beim Erstellen seines Blogs hatte und wie er diese durch YouTube-Videos und Anleitungen im Internet lösen konnte. Er erzählt über seine Investitionen und warum er gerade diese ausgewählt hat.

Tobias sitzt währenddessen die meiste Zeit schweigend daneben und hört Stefan einfach nur zu. Der größte Teil des Coachings bestand schließlich daraus, dass er viel erklärt und erzählt hat. Da ist es auch mal ganz schön, Stefan reden zu lassen.

Nach einer Viertelstunde hält Tobias vor einem sehr edlen Steakhaus und sagt beim Aussteigen zu Stefan: «Ich lade dich zum Essen ein und übernehme alle Kosten. Das wird heute nämlich unser letzter Coaching-Tag zusammen sein. Bei der Autofahrt hierher ist mir klargeworden, dass du die wichtigsten Dinge von mir gelernt hast und diese jetzt auch eigenverantwortlich umsetzt. Du informierst dich durch Bücher zum Investieren, hast einen Wertpapiersparplan eingerichtet, deinen ersten Kunden gewonnen und eine eigene Homepage aufgebaut. Du brauchst mich und meine Ratschläge nicht mehr so sehr. Also lass uns das heute gemeinsam feiern.»

Stefan antwortet daraufhin überrascht: «Danke für die Einladung zum Essen. Vielen, vielen Dank auch dafür, dass du mich in die Umsetzung gebracht und mir so viel über das Thema Geld beigebracht hast. Zu Beginn hätte ich nicht gedacht, dass es in eine Selbstständigkeit führen könnte oder dass ich mein Geld an der Börse investieren würde. Du kannst dir gar nicht vorstellen, wie unendlich dankbar ich dir für deine Tipps und wertvollen Erfahrungen bin! In der letzten Zeit hat sich so viel in meinem Denken zu Geld und meiner Einstellung zu reichen Menschen verändert. Das heißt, dass du mich ab jetzt überhaupt nicht mehr coachst und mir keine Tipps mehr gibst?»

«So habe ich das nicht gemeint. Ich bin mittlerweile davon überzeugt, dass wir uns nicht mehr regelmäßig treffen müssen, um über Geldthemen zu sprechen. Du hast verstanden und verinnerlicht, dass du nur das Geld ausgeben darfst, welches du eingenommen hast, und Schulden vermieden werden sollten. Zudem hast du die vielen negativen Glaubenssätze zu Geld und reichen Menschen für dich aus dem Weg geräumt.

Für die Masse der Menschen ist die Einstellung zu Geld die größte Hürde zum eigenen finanziellen Erfolg und sie wissen es noch nicht einmal. Wie soll ich denn auch für andere Menschen Mehrwerte schaffen, wenn für mich das Thema Geldverdienen und Vermögen aufbauen unbewusst etwas Negatives ist?

Wir können bei konkreten Herausforderungen in deiner Selbstständigkeit gerne noch mal telefonieren oder ich kann dir per E-Mail noch ein paar Tipps geben. Den wichtigsten und größten Teil meines Wissens zum Reichwerden habe ich dir allerdings bereits vermittelt. Gemeinsam haben wir deine größten mentalen Hürden aus dem Weg geräumt und uns angeschaut, wie du finanziell erfolgreich werden kannst.

Meine Reise zur finanziellen Freiheit

Die Formel zum Reichwerden ist eigentlich ziemlich einfach: Du sparst regelmäßig einen Teil deines Einkommens, sorgst durch die Steigerung der gelieferten Mehrwerte für ein höheres Einkommen und vermehrst dein gespartes Geld durch Investitionen.

Irgendwann bist du dadurch vermögend und reich. Das ist dann nur eine Frage der Zeit.

Die meisten Menschen können diese einfache Formel leider nicht umsetzen, weil sie zu viele mentale Hürden und negative Glaubenssätze zum Thema Geld haben», sagt Tobias und setzt sich an einen der freien Tische im Restaurant.

«Genau so ging es mir ja auch ganz am Anfang. Als ich zum ersten Mal dein T-Shirt mit dem Aufdruck ‚**Ich liebe Geld so sehr wie meine Frau**' gelesen habe. Ich war vollkommen perplex. Ich hatte eine sehr negative Einstellung zum Thema Geld und Reichtum und kann jetzt durch deine persönlichen Sichtweisen verstehen, warum du das Thema auf diese Art und Weise betrachtest.

Besonders revolutionär war für mich die Erkenntnis, dass ich als Unternehmer durch das Einstellen von Arbeitnehmern Risiken eingehe und es dadurch auch gerechtfertigt ist, dass der Unternehmer viel mehr verdienen kann. Oder allgemein gesehen, dass ich Geld für das Lösen von Problemen erhalte und ich mein Einkommen deshalb nur dadurch erhöhen kann, dass ich auch meinen Mehrwert für andere Menschen erhöhe.

Der Prozess, Reichtum anzuhäufen, ist daher überaus positiv für die Gesellschaft. Zu Beginn hätte ich nicht gedacht, dass meine negative Einstellung zu Geld und reichen Menschen mich wirklich einschränkt. Ich dachte vielmehr, dass ich einfach nicht das richtige Wissen und auch nicht die nötigen Fähigkeiten mitbringe, um vermögend zu werden.

Eine Frage hätte ich aber noch an dich: Wieso hast du dich damals überhaupt auf den Deal ‚Reise gegen Coaching' eingelassen? Schließlich hättest du mit deinem Geld auch einfach eine andere tolle Reise kaufen können. Monetär gesehen, sind die ganzen Coaching-Stunden mit Sicherheit um ein Vielfaches wertvoller gewesen, als die Planung der Reise», fragt Stefan, als gerade die Speisekarten an den Tisch gebracht werden.

Tobias grinst breit und antwortet: «Lass mich dazu etwas weiter ausholen. Da gibt es nämlich noch eine wichtige Sache, über die ich heute mit dir sprechen wollte, und das passt wirklich perfekt zu deiner Frage. In der Öffentlichkeit gibt es nämlich ein sehr seltsames und dubioses Bild von den Reichen. Ich glaube, deine Frage fußt auf einer dieser Ansichten zu Reichtum. Und zwar lautet die Ansicht, dass es bei dem Thema Reichtum hauptsächlich um Geld geht.

Ich möchte dir deshalb jetzt meine Sichtweise zum Thema Reichtum mitgeben. Zu Beginn müssen wir uns den Begriff des Vermögens näher anschauen. Die meisten Menschen verwechseln nämlich Reichtum mit einem großen Vermögen und denken, dass du mit viel Geld automatisch auch ein großes Vermögen hast.»

Stefan schaut Tobias total verwirrt an und die Fragezeichen stehen ihm ins Gesicht geschrieben. Wegen Stefans verwirrtem Blick sagt Tobias daraufhin: «Das war jetzt wahrscheinlich etwas unverständlich, weil ich das Ganze abstrakt erklärt habe. Lass uns das einfach mal an einem Beispiel verdeutlichen. Die meisten meinen ja, dass du mit viel Geld auch ein großes Vermögen besitzt. Meiner Definition nach drückt Vermögen den Zeitraum aus, den du ohne zu arbeiten leben kannst.

Wenn du zum Beispiel 2.000 Euro pro Monat zum Leben brauchst und insgesamt 10.000 Euro besitzt, kannst du fünf Monate ohne Arbeit überleben. Wenn du dagegen 20.000 Euro pro Monat zum Leben brauchst und insgesamt 100.000 Euro besitzt, kannst du ebenfalls fünf Monate ohne Arbeit überleben.

Meiner Meinung nach ist diese Definition des Vermögens deutlich hilfreicher, weil sie die Ausgaben ins Verhältnis zum gesamten Besitz stellt. Es bringt dir nichts, ein zehnmal so großes Vermögen zu haben, wenn deine Ausgaben auch zehnmal so groß sind. Dann ist das Vermögen bei einem Jobverlust schließlich auch viel schneller wieder weg.

Nach dieser Definition bist du richtig vermögend, wenn du nie wieder arbeiten müsstest. Dieser Zustand wird auch gerne als ‚Finanzielle Freiheit' bezeichnet. In diesem Fall kannst du durch die Zinsen und Erträge aus deinem Vermögen leben und bist nicht mehr darauf angewiesen, irgendeiner Arbeit nachzugehen.

Die allermeisten Menschen sehen nur vermögend aus, sind es in Wirklichkeit aber überhaupt nicht. Schließlich kannst du von außen betrachtet nur den teuren Sportwagen, die teuren Urlaube und die große Villa sehen. Das alleine bedeutet allerdings noch lange nicht, dass diese Familien auch etwas auf dem Konto haben oder irgendwelche Investments besitzen, die ihnen ein passives Einkommen bescheren.

Es gibt viele hochbezahlte Angestellte, die wenige Monate nach einem Jobverlust bereits pleite wären. Im Gegensatz dazu kenne ich aber auch sehr vermögende Leute, die noch nicht mal ein eigenes Auto besitzen oder in einer ganz normalen Eigentumswohnung wohnen. Du kannst ihnen ihr Vermögen also überhaupt nicht ansehen. Bei den meisten Menschen wird der Vermögensaufbau auch verhindert, weil sie unbedingt nach außen hin durch Statussymbole reich wirken wollen. Das ist sehr teuer. Und selbst wenn die Menschen vermögend sind und nicht mehr arbeiten müssen, heißt das noch lange nicht, dass sie auch wirklich reich sind.»

«Die Definition von Reichtum ergibt auf jeden Fall Sinn. Wenn ich als weltbekannter Schauspieler mehrere Millionen im Jahr verdiene und davon auch mehrere Millionen wieder ausgebe, reichen auch zehn Millionen an Vermögen nicht lange. Mir würden dagegen zehn Millionen Euro schon vollkommen ausreichen. Ich kann mir außerdem auch gar nicht vorstellen, wie du einfach so mehrere Millionen im Jahr ausgeben kannst.

Aber was meinst du damit, dass ein großes Vermögen nichts mit Reichtum zu tun hat? Wenn ich doch nicht mehr arbeiten muss und den Rest meines Lebens vollkommen frei einteilen kann, bin ich doch auch reich», antwortet Stefan.

Tobias zeigt auf die Speisekarte und sagt: «Die allermeisten Menschen wählen in einem Restaurant die Speisen hauptsächlich mit Blick auf die rechte Spalte aus. Das heißt, sie überlegen nicht nur, was sie eigentlich essen wollen. Sie setzen sich selbst Preisgrenzen und lassen sich durch das Geld in ihrer Entscheidung einschränken. Für mich bedeutet wahrer Reichtum, dass du nichts mehr im Leben wegen des Geldes tun oder lassen musst.

In einem Restaurant wähle ich zum Beispiel mein Gericht nur nach meinen eigenen Wünschen aus der linken Spalte aus und schaue nicht rechts auf den Preis. Das Geld schränkt mich also in diesem Aspekt nicht mehr in meinem eigenen Leben ein.

Viele Menschen sind arm, weil sie Dinge wegen des Geldes tun. Sie gehen alleine wegen des Geldes zur Arbeit, sie wählen nur des Geldes wegen einen Wagen, sie verzichten auf Dinge, die sie eigentlich haben wollen oder streiten sich ausschließlich wegen des Geldes.

Reichtum heißt also nicht, nur ein großes Vermögen zu haben. Es hat auch sehr viel mit der inneren Einstellung zu tun. So kenne ich auch sehr viele vermögende Menschen, die die ganze Zeit nur Angst haben, ihr Geld zu verlieren, und sich deshalb selbst in ihren Ausgaben beschränken.

Sie müssten sich aus rein finanzieller Sicht eigentlich überhaupt nicht einschränken, tun es, getrieben durch die Angst, aber trotzdem. Oder ich kenne auch sehr geizige reiche Menschen, die um jeden Cent feilschen und sich dadurch auch selbst einschränken. Genauso kenne ich auch sehr vermögende Menschen, die durch Verlustängste an einem ungeliebten Job festhalten, obwohl sie schon längst finanziell frei sind.

Mit diesem Wissen im Hinterkopf kann ich dir jetzt auch eher erklären, warum ich dich gecoacht habe. Aus rein finanzieller

Sicht ist das Coaching wahrscheinlich mehr wert als die Reise und ich hätte in der ‚verlorenen' Zeit auch deutlich mehr Geld verdienen können.

Mittlerweile denke ich allerdings über Geld fast gar nicht mehr nach und bin darüber sehr glücklich. Ich kenne noch sehr gut meine früheren Zeiten als Angestellter, wo ich andauernd in einem gefühlten Mangel gelebt habe und mich selbst einschränken musste.

Jetzt, wo ich genug Geld habe, mache ich einfach, worauf ich Lust habe. Wenn dabei dann noch weiteres Geld abspringt, ist das zwar ganz nett, aber nicht zwingend notwendig. Ich hatte einfach Lust, mein Wissen an dich weiterzugeben und dich in deiner Situation zu unterstützen. Am Ende des Tages werde ich durch diese Dinge glücklicher, als noch weiteres Geld anzuhäufen. Das kannst du bestimmt auch bestätigen. Wenn du aus freien Stücken jemand anderem weiterhelfen kannst, macht dich das glücklich.»

«Ja, das kann ich auch bestätigen, dass es glücklich macht, anderen zu helfen. Es fühlt sich gut an, wenn ich mein Wissen weitergeben kann und es dem anderen auch noch nützt. Das ist eine wirklich interessante Sichtweise zum Thema Reichtum und so habe ich es noch nie betrachtet. Bei der Definition von Reichtum hatte ich auch eher das Vermögen und die Menge an Geld im Blick. An die mentale Seite und mögliche Einschränkungen durch negative Glaubenssätze hatte ich nicht gedacht.

Das bedeutet aber trotzdem noch, dass ich viel Geld für wahren Reichtum brauche. Ich kann mir das teuerste Essen im Restaurant nur bestellen, wenn ich dafür auch das nötige Geld habe. Oder ich kann meinen Job auch nur kündigen, wenn ich genügend Vermögen oder andere Einnahmequellen habe. Wie siehst du das?», fragt Stefan.

Tobias denkt kurz nach und antwortet dann darauf: «Wenn wir die normalen gesellschaftlichen Sichtweisen und Bewertungen nehmen, kannst du wohl nur mit viel Geld vermögend sein.

Nehmen wir aber zum Beispiel noch einmal Menschen wie Mutter Theresa oder Mahatma Gandhi. Ein großes finanzielles Vermögen hatten sie jetzt nicht direkt, aber sie haben ihr Leben nach ihren eigenen Maßstäben gestaltet und die Welt verändert und waren dadurch reich an Glück. Oder nimm einen Einsiedler, der vollkommen autark von der Gesellschaft leben kann und sich so sein eigenes Leben aufgebaut hat. Auch er kann glücklich und zufrieden sein. Ist das nicht auch eine Form von Reichtum?

Ich denke, du unterschätzt noch immer die Auswirkungen von negativen Glaubenssätzen. Wenn ich mir die ganze Zeit einrede, dass ich mir etwas nicht leisten kann, dann werde ich mich zum einen nicht gut fühlen und zum anderen wird das dann auch sehr wahrscheinlich so bleiben.

Viele begehen den schlimmen Wenn-Dann-Denkfehler: Wenn ich erst mal eine Frau an meiner Seite habe, dann werde ich glücklich sein. Wenn ich nicht mehr arbeiten muss, dann bin ich für immer glücklich. Wenn ich nur genug Geld hätte, dann würde sich alles verändern. Wenn ich genug Geld habe, dann gönne ich mir auch etwas.

Das große Problem am Wenn-Dann-Denkfehler ist, dass er uns schon jetzt in der Gegenwart einschränkt. Er suggeriert uns nämlich, dass wir ein bestimmtes gewünschtes Ziel nicht schon jetzt oder deutlich früher erreichen können.

Viel besser wäre es, sich die Frage zu stellen: Wie kann ich mir das leisten oder wie kann ich mein Ziel auf andere Weise schneller erreichen?

Diese Frage lässt uns nämlich kreativ werden und Wege suchen, die wir ohne diese Frage nicht gesehen hätten. Wenn ich zum Beispiel daran glaube, erst einmal genug Geld haben zu müssen, um mir ein teures Steak leisten zu können, versperre ich mir von Anfang an den Weg.

Stattdessen könnte ich aber auch einfach schauen, wie ich mir das Steak leisten könnte. Mit dieser Sichtweise würde ich dann zum Beispiel Rabattaktionen sehen oder mir das gute Fleisch beim Metzger kaufen und selbst zu Hause zubereiten.

Zu Beginn meiner Selbstständigkeit wollte ich zum Beispiel zur eigenen Motivation einen teuren Wagen fahren. Mir war damals bewusst, dass ich nicht genug Geld hatte, um mir ein solches Auto leisten zu können. Ich wurde kreativ und habe einen Nebenjob bei einem Limousinenservice gefunden. Dadurch konnte ich dann regelmäßig teure Wagen fahren und wurde dafür sogar noch bezahlt.»

Stefan unterbricht ihn und sagt: «Ja, ich habe verstanden, was du meinst. Sich selbst von vornherein einzuschränken und zu sagen, dass ich etwas Bestimmtes nicht erreichen oder haben kann, ist nicht besonders zielführend. Es versperrt mir mental den Weg und sorgt dafür, dass ich nicht kreativ werde und nachdenke. Und mein Ziel somit auch nicht erreichen kann.

Jetzt hast du mir meine Frage aber auch noch nicht komplett beantwortet. Du sagst also, dass du nicht unbedingt ein großes Vermögen haben musst, wenn du ein reiches Leben haben möchtest. Ist das nicht ein gewisser Widerspruch?»

«Kleine Gegenfrage: Warum wollen denn die meisten Menschen überhaupt reich werden?», fragt Tobias.

Mit dieser Frage hatte Stefan jetzt überhaupt nicht gerechnet. Nach längerem Nachdenken sagt er: «Keine Ahnung. Vielleicht, damit sie sich alles kaufen können.»

Tobias schmunzelt und sagt: «Interessante Überlegung. In der Psychologie und Gehirnforschung wurde festgestellt, dass es für den Menschen eigentlich nur zwei Arten der Motivation gibt. Die erste Motivation ist, Schmerzen zu vermeiden. Das heißt, wenn du dir Dinge nicht kaufen kannst, die du eigentlich haben willst, oder ständig Sorgen wegen des Geldes hast, dann willst du davon wegkommen. Die zweite Motivation ist, wenn wir durch etwas Positives angezogen werden. Zum Beispiel einen schönen Urlaub oder andere Dinge, die ich mir dadurch leisten kann.

Wir wollen also entweder von einem bestimmten Schmerz weg oder zu einer tollen Sache hin. Manche Menschen glauben, dass Reichtum alle bestehenden Probleme löst und du dann auf einer Wolke der Glückseligkeit herumschwirrst. Für viele ist es also die magische Pille, die alle ihre negativen Probleme löst und alles Positive in ihr Leben bringt.

Geld an sich bietet allerdings nur Möglichkeiten und verändert dein Leben nicht unbedingt komplett. Das heißt, wenn du vorher schon ein unausstehlicher Typ warst, wirst du nicht plötzlich eine liebende Frau oder tolle Freunde haben. Selbst mit mehreren Millionen auf dem Konto kannst du dir keine gute Kondition oder einen Sixpack kaufen.

Die Menschen wollen also eigentlich nicht unbedingt reich sein. Sie wollen einfach nur ein schönes und glückliches Leben führen. Niemand sagt am Totenbett, dass er gerne reicher wäre oder mehr Geld auf dem Konto haben möchte. Die meisten bereuen, zu viel gearbeitet zu haben, zu wenig Zeit mit Freunden oder der Familie verbracht zu haben oder zu lange versucht zu haben, gesellschaftlichen Erwartungen zu entsprechen.

Für mich ist es daher deutlich wichtiger, ein glückliches Leben zu führen, anstatt nur ziellos Geld anzuhäufen. Geld ist wichtig, ermöglicht mir viele Dinge und ist in einem Mindestmaß auch erforderlich, damit ich mich nicht die ganze Zeit sorge. Du brauchst allerdings nicht unbedingt Millionen, um ein glückliches Leben zu führen. Die Millionen können dir allerdings dabei helfen, genau das Leben zu leben, das dich selbst am glücklichsten macht. Wie zum Beispiel ein tolles Essen.»

In dem Moment kommt die Bedienung an den Tisch, um die Bestellung der beiden aufzunehmen.

Danach sagt Stefan zu Tobias: «Jetzt verstehe ich deine Sichtweise erst so richtig. Geld an sich ist natürlich wichtig und auch in einem gewissen Maße erforderlich, damit ich selbst Möglichkeiten habe, glücklich zu werden.

Viel Geld zu besitzen, ist allerdings keine Garantie, dass ich dann auch wirklich glücklicher bin. Schließlich gibt es einem nur Möglichkeiten. Bisher hatte ich nicht darüber nachgedacht, dass man als reicher Mensch ja auch unglücklich sein könnte und nicht unbedingt alles hat. Es gibt schließlich auch viele wichtige immaterielle Dinge wie Freundschaft oder Fitness, die ich mir von keinem Geld der Welt kaufen kann.»

«Ich sehe, dass du das Konzept verstanden hast. Meiner Meinung nach ist das Wichtigste, dass du für dich daraus die richtigen Schlüsse ziehst und auch in die Umsetzung kommst. Einer meiner Mentoren hatte mir vor vielen Jahren einige sehr wichtige und lebensverändernde Fragen gestellt: Wie würdest du dein Verhalten verändern, wenn Geld keine Rolle spielen würde, und warum hast du das bisher noch nicht umgesetzt? Was würdest du jetzt starten, wenn es nicht scheitern kann?'

Damals war ich gerade an dem Punkt, dass ich eigentlich meinen vollen Fokus auf meine Selbstständigkeit legen wollte und mich nicht getraut habe, meinen Job zu kündigen. Ich hasste mittlerweile meinen alten Job und liebte die Zeit in der Selbstständigkeit. Trotzdem traute ich mich nicht, den letzten Schritt zu gehen, obwohl ich schon genug nebenbei verdiente.

Manchmal müssen wir im Leben über unseren eigenen Schatten springen und ins Handeln kommen. Nach diesem Gespräch habe ich in der darauffolgenden Woche meinen Job gekündigt und bin rückblickend sehr dankbar dafür. Dieser Schritt hat es mir nämlich ermöglicht, viel glücklicher zu sein und gleichzeitig noch viel mehr Geld zu verdienen.

Diese eine Frage hilft dir dabei, herauszufinden, was du wirklich im Leben möchtest und was dich persönlich glücklich macht. Du kannst bei vielen sehr erfolgreichen Unternehmern sehen, dass sie schon längst nicht mehr arbeiten müssten und es trotzdem tun, weil sie ihre Arbeit lieben.

Sie haben den Punkt des wahren Reichtums erreicht, an dem sie alles aus innerem Antrieb tun und nicht mehr wegen des

Geldes arbeiten. Diesen Punkt zu erreichen, an dem du für kein Geld der Welt etwas in deinem Leben verändern würdest, wünsche ich dir aus tiefstem Herzen. Denn dann bist du wirklich glücklich.»

> «Was bedeutet schon Geld?
> Ein Mensch ist erfolgreich,
> wenn er zwischen Aufstehen
> und Schlafengehen das tut,
> was ihm gefällt.»
>
> Bob Dylan (o. J.)

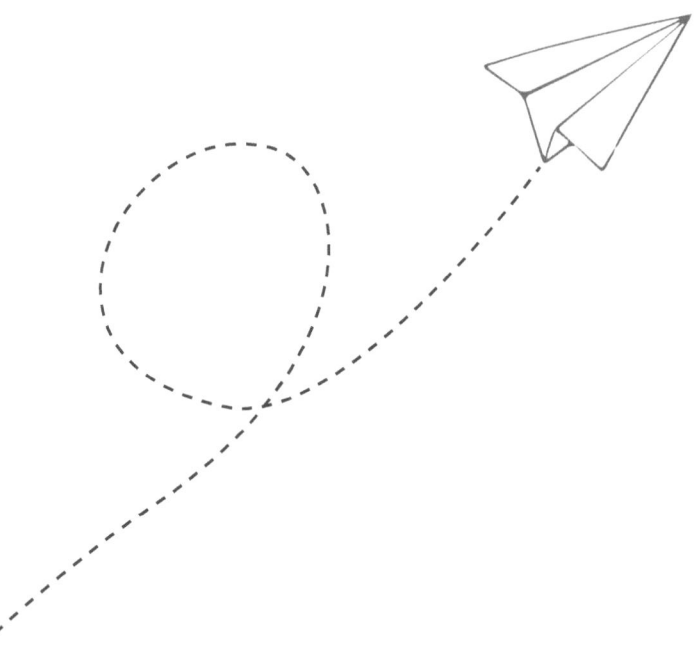

Die Reise beginnt …

Die lange weiße Yacht schippert gemächlich durch das klare hellblaue Meerwasser. Vom Schiff aus kann Stefan bis auf den Meeresgrund sehen und die Vielfalt der karibischen Meerestiere bewundern. Bereits als kleines Kind wollte Stefan die ganze Welt bereisen und in ferne Länder und Kulturen eintauchen.

Er ist total begeistert, dass er dies nun tun und vor dem kalten Winter in Deutschland fliehen kann. Es hatte ihn schon früher genervt, bei diesem kalten und nassen Wetter in Deutschland bleiben zu müssen.

Aber hier in der Karibik lässt es sich auch Anfang Dezember gut aushalten. Die Sonne scheint fast ununterbrochen und beschert angenehme 25 °C. Stefan legt sich in einen Liegestuhl auf das vordere Deck, schließt die Augen und genießt einfach nur das schöne Wetter.

Dieses Mal gibt es allerdings keinen Wecker, der ihn wieder zurück in die Realität befördert. Das Ganze ist für Stefan zu schön, um wahr zu sein. Er muss sich einige Male selbst kneifen, um sein Glück fassen zu können und zu erkennen, dass es die Wirklichkeit ist.

Vor knapp einem Jahr war genau dieses Szenario für Stefan nur ein Traum gewesen. Ein Traum, den er bereits seit vielen Jahren geträumt und sich nie getraut hatte, in die Wirklichkeit umzusetzen. Über die Jahre hatte er sogar den Glauben daran verloren, dass seine Träume überhaupt realistisch oder möglich wären. Und doch sitzt er jetzt bei schönstem Wetter in der Karibik auf einer riesigen Yacht.

Angefangen hatte eigentlich alles durch die Begegnung mit Tobias vor ziemlich genau einem Jahr. Durch ihn hat er nicht nur den Umgang mit dem eigenen Geld gelernt. Vielmehr hat er durch das Coaching für sich begriffen, wie viele negative Glaubenssätze er in Bezug auf Geld und Reichtum hatte und wie sehr sie ihn selbst blockierten. Viele Jahre lang hatte er den Job im Reisebüro einzig und alleine wegen des Geldes ausgeübt. Den Spaß an der Arbeit hatte er schon längst verloren und so musste er sich jeden Morgen mühevoll aufraffen und widerwillig zur Arbeit fahren. Bereits nach wenigen Stunden sehnte er sich den Feierabend herbei und saß unglücklich in der Mittagspause.

Sein Leben von vor einem Jahr ist mit seiner aktuellen Situation kaum noch vergleichbar. Bereits kurze Zeit nach dem Treffen im Steakhaus hatte Stefan sich dazu entschieden, seinen Job im Reisebüro zu kündigen und sich etwas anderes zu suchen. Ihm war klar geworden, dass er nicht einen Tag länger in seinem Job verweilen wollte und er sich das durch seine Rücklagen auch leisten konnte. Selbst ohne weitere Einnahmen hätte er etliche Monate überstehen können.

Kurze Zeit darauf entdeckte er einen anderen Job bei einem großen Reiseunternehmen. Sie suchten für ihre Karibikreisen jemanden, der als Reiseleiter die Tour begleitet und den Touristen die Inselkultur und Sehenswürdigkeiten näherbringt.

Für Stefan ist es einfach nur ein Traumjob, der genau zu seinen Fähigkeiten und Wünschen passt. Das Reisen auf der Yacht, sein Traum, ist jetzt seine Arbeit, die er auch gemacht hätte, wenn er dafür nicht bezahlt werden würde. Er wird quais für sein größtes Hobby auch noch bezahlt. Zudem kann er sich in dem Liegestuhl auf der Yacht gut ausruhen und von der ‚Arbeit' entspannen.

Mittlerweile hat Tobias auch die Karibikreise durchgeführt, die Stefan für ihn im Austausch für das Coaching geplant hatte. Seine große Begeisterung und die Beteuerung, dass die Karibikreise der beste Urlaub seines Lebens gewesen sei, haben Stefan noch weiter motiviert, an seiner Selbstständigkeit zu arbeiten.

Durch seinen Reiseblog hat er bereits viele spannende Leute kennengelernt und neue Kunden an Land gezogen. Stefan bekommt wöchentlich bereits mehrere Anfragen von Leuten, die eine individuell geplante Karibikreise haben wollen. Er könnte also auch schon alleine durch seine Selbstständigkeit seinen Lebensunterhalt sichern und die Anzahl der Kunden wächst kontinuierlich weiter.

Stefan hat noch keine Millionen auf dem Konto und könnte sein Leben noch nicht komplett durch Kapitalerträge oder Mieteinnahmen decken. Nach klassischen Vorstellungen wäre Stefan also überhaupt nicht reich oder vermögend.

Genau in diesem Moment wird Stefan allerdings klar, was Tobias mit dem Begriff ‚wahrer Reichtum' gemeint hatte. Er lebt jetzt ein unglaublich tolles Leben und kann seinen Wünschen nachgehen. Er hat es geschafft, seine Leidenschaft zum Beruf zu machen, und verdient sogar mehr als das Doppelte im Vergleich zu seinem ungeliebten Job im Reisebüro.

Durch das hohe Einkommen kann er sich eigentlich fast alles leisten, was er sich schon immer mal leisten wollte. Er kann jeden Monat höhere Summen investieren und hat mittlerweile sogar schon seine erste Immobilie in Deutschland als Kapitalanlage gekauft. Zudem reist er eigentlich die ganze Zeit nur um die Welt und kommt an Orte, die er bisher nur sehnsuchtsvoll in Dokumentationen gesehen hat.

Er führt jetzt ein reiches Traumleben und ist glücklicher, als er es jemals zuvor gewesen ist. Da soll doch noch mal jemand sagen, Geld sei nicht wichtig. Durch das Coaching mit Tobias hat Stefan in kurzer Zeit außerordentlich viel über Geld, Reichtum und das Leben an sich gelernt.

Mit Blick auf die strahlende Sonne und das hellblaue Meer wird Stefan allerdings bewusst: ‚Meine Reise hat gerade erst begonnen … .'

Epilog

Ich hoffe, dass ich dich durch das Buch motivieren konnte, dich noch intensiver mit deinen eigenen Finanzen auseinanderzusetzen. Du wirst wahrscheinlich schon längst gemerkt haben, dass es dabei um viel mehr als nur um Geld geht.

Es geht darum, für dich festzustellen, was für dich im Leben wichtig ist und welchen Stellenwert die eigene Arbeit einnimmt. Durch die Beschäftigung mit dem Thema Geld können wir für uns feststellen, wo wir Veränderungen vornehmen wollen oder wo wir aktuell unglücklich sind.

Das Leben hat viele Parallelen mit einer Reise. Du bist in Bewegung, entdeckst neue Orte, lernst viele neue Menschen kennen und entwickelst dich dabei ständig weiter.

Ich hoffe, ich konnte dich dazu motivieren, wie Stefan zu deiner eigenen Lebensreise aufzubrechen, und wünsche dir maximalen Erfolg für deine Ziele, Wünsche und Träume.

Mein Ziel ist es, mit diesem Buch möglichst viele Menschen zu erreichen, damit sie sich auch mit dem Thema Geld und (was noch viel wichtiger ist) mit ihrem eigenen Leben auseinander setzen. Ich würde mich deshalb riesig freuen, wenn du dir ein paar Minuten Zeit nimmst und mir ein kleines Feedback zukommen lässt oder auf Amazon eine Rezension hinterlässt.

Du kannst mir auch gerne eine E-Mail schreiben an:
kontakt@wohlstandsentfaltung.de

Über den Autor

Dominik Fecht hat es sich zur Mission gemacht, Menschen für die eigenen Finanzen zu begeistern und unabhängig auszubilden. Er baute in den letzten fünf Jahren neben dem Studium und der Arbeit als Beamter einen Blog und später einen YouTube-Kanal auf.

Mit seinen beiden Büchern («Meine Reise zur finanziellen Freiheit» und «Finanzhacks für Berufseinsteiger») und seinem Mentoring-Programm bildet er Menschen in Finanzthemen aus.

Zu seiner Geschichte wurde er bereits von Focus Money, RTL, 1LIVE und WDR Markt interviewt. Mitte 2020 kündigte er seinen Job als Beamter, um seitdem seine volle Energie in die Ausbildung von Menschen zum Thema Finanzen legen zu können. Mit seiner Arbeit erreicht er jedes Jahr Zehntausende und hilft ihnen dabei, den Wohlstand im eigenen Leben zu entfalten.

Mehr über den Autor kann über den Blog **www.wohlstandsentfaltung.de** in Erfahrung gebracht werden. Interessierte Leser können ihn auch über die E-Mail-Adresse **kontakt@wohlstandsentfaltung.de** kontaktieren.

Empfehlenswerte Bücher

Du möchtest deine Finanzen in die eigene Hand nehmen und noch mehr lernen? Für mich waren Bücher eine der wichtigsten Quellen, um mich weiterzubilden und besser mit meinem Geld umgehen zu können. Aus über hundert gelesenen Büchern möchte ich dir im Folgenden meine Highlights auflisten:

- Cashflow Quadrant (Robert T. Kiyosaki)
- Cool bleiben und Dividenden kassieren (Christian W. Röhl und Werner H. Heussinger)
- Denk dich reich (Ilja Grzeskowitz)
- Der reichste Mann von Babylon (George Samuel Clason)
- Der Weg zum erfolgreichen Unternehmer (Stefan Merath)
- Der Weg zur finanziellen Freiheit (Bodo Schäfer)
- Die 4-Stunden Woche (Timothy Ferris)
- Kaufen oder mieten? (Gerd Kommer)
- Raus aus dem Geld-Spiel! (Robert Scheinfeld)
- Reicher als die Geissens (Alex ‚Düsseldorf' Fischer)
- Reich werden und bleiben (Dr. Rainer Zitelmann)
- Rich Dad, Poor Dad (Robert T. Kiyosaki)
- So denken Millionäre (T. Harv Eker)
- Souverän investieren (Gerd Kommer)
- Steuern steuern (Johann C. Köber)
- The Millionaire Fastlane (MJ DeMarco)
- The Millionaire Next Door (Thomas Stanley und William Danko)

Von den beiden englischen Büchern gibt es keine deutsche Übersetzung. Beide Bücher sind allerdings leicht verständlich und ohne komplizierte Fachbegriffe geschrieben.

Danksagung

Ich möchte mich zum Abschluss des Buches bei einigen sehr wichtigen Menschen bedanken, ohne die dieses Buch niemals möglich gewesen wäre.

Zuallererst einen großen Dank an meine Familie und meine engen Freunde, die mich immer bei meinen verrückten Ideen und Projekten unterstützt haben. Ohne den guten Zuspruch meiner Familie und meiner engsten Freunde wäre die erste Version dieses Buches wahrscheinlich nie fertig gestellt und veröffentlicht worden.

Dann möchte ich mich noch bei meinem Freund Max und allen vom Remote-Verlag bedanken. Ohne eure großartige Arbeit hätte ich mein Buch nicht so professionell relaunchen und damit noch mehr Menschen in die Hände geben können.

Ich bin dankbar, mit dem Remote-Verlag einen so tollen Partner an der Seite zu haben und gemeinsam mit euch das Thema Finanzbildung noch viel mehr Menschen zugänglich zu machen.

Und zum Abschluss noch einen Dank an den wichtigsten Menschen überhaupt: an dich.

Vielen Dank, dass du dir dieses Buch geholt und gelesen hast!

Ohne den Kauf und deine Unterstützung wäre dieses ganze Projekt schließlich völlig sinnlos.

Literaturverzeichnis

Adair, Paul (2022): Red Adair to the Rescue. ASME, abgerufen von https://www.asme.org/topics-resources/content/red-adair-to-the-rescue, am 15.04.2022

Bierce, Ambrose Gwinnett (2022). Zitat zum Thema: Schulden. Aphorismen.de. Abgerufen von https://www.aphorismen.de/zitat/11324. am 15.04.2022

Dylan, Bob (2022): Was bedeutet schon Geld. Kreativagentur Tatenreich. Abgerufen von https://tatenreich.com/2020/01/24/was-bedeutet-schon-geld-ein-mensch-ist-erfolgreich-wenn-er-zwischen-aufstehen-und-schlafengehen-das-tut-was-ihm-gefaellt-bob-dylan/ am 15.04.2022

Hildebrandt, Dieter (2022): Geld macht nicht korrupt - kein Geld schon eher. Woxikon. Abgerufen von https://zitate.woxikon.de/geld/379-dieter-hildebrandt-geld-macht-nicht-korrupt-kein-geld-schon-eher am 15.04.2022

King, Stephen & Bachmann, Richard (2022): Steven King Shining Through. The Washington Post. Abgerufen von https://www.washingtonpost.com/archive/lifestyle/1985/04/09/steven-king-shining-through/eaf662da-e9eb-4aba-9eb9-217826684ab6/ am 15.04.2022

Thatcher, Margaret (2022): «Der Thatcherismus wird überleben». Welt. Abgerufen von https://www.welt.de/politik/ausland/article115116179/Der-Thatcherismus-wird-ueberleben.html am 15.04.2022

Entdecke
weitere Bücher in unserem
Online-Shop

www.remote-verlag.de

Finde deinen Ratgeber!